5분 비속어 수업

국어 시간에 만나는
요즘 10대 언어생활

5분 비속어 수업

국어 시간에 만나는 요즘 10대 언어생활

초판 1쇄 펴낸날   2025년 11월 30일
초판 2쇄 펴낸날   2026년 1월 16일

지은이   권희린
펴낸이   홍지연

편집   홍소연 김선아 이예은 차소영 조어진 서경민
디자인   이정화 박태연 정든해 이설
마케팅   강점원 원숙영 김신애 김가영 김동휘
경영지원   정상희 배지수
저작권   한지훈

펴낸곳   (주)우리학교
출판등록   제313-2009-26호(2009년 1월 5일)
제조국   대한민국
주소   04029 서울시 마포구 동교로12안길 8
전화   02-6012-6094
팩스   02-6012-6092
홈페이지   www.woorischool.co.kr
이메일   woorischool@naver.com

© 권희린, 2025
ISBN 979-11-6755-346-1 43710

- 책값은 뒤표지에 적혀 있습니다.
- 잘못된 책은 구입한 곳에서 바꾸어 드립니다.

만든 사람들
편집   조어진
디자인   박태연

5분 비속어 수업

권희린 지음

우리학교

이 책의 시작은 어느 한 교실에서였다.

"선생님, 뒤에 애들 존나 떠들어요."

교단에 선 지 며칠 되지 않았던 그때, 내가 꿈꿨던 '따뜻하고 재미있는 첫 수업'의 그림은 순식간에 산산조각이 났다. 교실은 이미 아이들 특유의 에너지로 가득했고, 그 중심에는 비속어가 있었다.

"칠판 존나 안 보여요."

"오늘 날씨 좆같네."

"선생님, 이 새끼 찐따예요."

여기저기서 터져 나오는 말들에 정신이 아득해졌다. 처음엔 '내가 우습게 보이나?'라는 생각도 들었지만, 금세 알게 되었다. 아이들이 나쁜 것이 아니라 비속어가 이미 그들의 언어 속 깊숙이 자리 잡았다는 사실을. 잔소리나 금지로 해결될 문제가 아니라는 것도 분명했다. 그렇다면 다른 길을 찾아야 했다. 그래서 생각을 바꿨다.

"쓰지 마!"가 아니라

"쓰더라도, 그 의미를 알고 쓰자."
그렇게 '5분 비속어 수업'을 시작했다.

"오늘의 단어는… 씨발!"
내 입에서 비속어가 나왔을 때 학생들의 표정이 아직도 생생하다. '어떻게 선생님이 욕을?'이라는 당혹감과 '근데 왜 쓰면 안 되지?'라는 질문이 동시에 떠오른 얼굴이었다. 그 질문이 바로 5분 비속어 수업의 시작점이었다. 우리는 매 시간 하나의 비속어를 골라 어떻게 쓰는지, 어떤 뜻으로 알고 있는지 이야기하고, 실제 어원과 맥락까지 차근히 살펴보았다. 나도 얼굴이 붉어진 날이 많았고, 학생들이 더 신나서 비속어를 따라 외치는 모습에 '이게 교육적인 것이 맞나?' 하는 생각이 들었던 적도 있다. 하지만 놀라운 변화는 그 뒤에 찾아왔다.
말의 기원과 본래의 의미를 알고 난 뒤, 학생들은 예전처럼 비속어를 가볍게 내뱉지 못했다. 친구가 아무 생각 없이 말하면 "야, 그 말 어원 알지?" 하며 장난스러운 주의를 주기도 했고, 스스로 대체 표현을 만드는 경우도 늘어났다. 비속어를 자주 쓰던 담임 선생님께 학생들이 직접 어원을 설명했다는 이야기도 들려왔다. 아이들이 스스로 말의 무게를 배워 가는 과정이었다. 그때 분명히 느꼈다. 비속어를 쓰면 안 된다고 잔소리하는 것보다, 왜 쓰는지를 알고 스스로 선택하게 하는 방법이 훨씬 힘이 크다는 것을.

우리는 다양한 표현 속에서 살아가고 있다. '억까, 갓생, 국룰, 꾸안꾸, 병맛, 관종' 같은 신조어들은 하루아침에 등장해 금세 일상어가 된다. 이런 신조어들을 들여다보면 지금 청소년들이 어떤 분위기 속에서 살아가고 있는지, 무엇을 고민하고 어떤 감정을 나누고 있는지 자연스럽게 보인다. 바로 그 언어의 결을 조금 더 가까이서 살펴보고 싶어 『B끕 언어』라는 책을 냈었고, 그 문제의식을 잇되 새로운 시대의 말들을 더 담아 이 책 『5분 비속어 수업』을 썼다.

예전에는 '비속어를 왜 쓰는지' '어떻게 쓰면 좋을지'를 주로 함께 고민했다면, 이제는 그 범위를 조금 더 확장했다. 학생들이 매일 쓰는 말에 숨어 있는 느낌과 맥락을 이해하고, '내가 이런 말을 쓰는 데에는 이런 감정과 태도가 있었구나.' 하고 스스로 돌아볼 수 있으면 좋겠다. 언어는 단순한 표현이 아니라 그 사람이 세상을 바라보는 방식과 관계를 만드는 힘을 지니고 있으니까.

말은 나를 드러내고, 내 세계를 확장하는 힘이 있다. 그러니 새로운 단어가 계속 태어나는 시대일수록 '그냥 따라 쓰는 언어'가 아니라 '이해하고 선택하는 언어'를 사용했으면 한다. 『5분 비속어 수업』이 학생, 교사, 학부모 모두에게 비속어를 다시 보는 계기, 조금 더 건강하고 유쾌한 언어문화를 만드는 작은 출발점이 되기를 바란다.

차례

1장

우리를 표현할 말, 어디 없을까?

비교의 시대 속에서
나만의 삶 찾기

'갓생'은 신을 뜻하는 영어 '갓(God)'과 한자 '생(生)'의 합성어로, 마치 신처럼 훌륭하고 모범적으로 살아가는 삶을 의미한다. 처음에는 팬덤 문화에서 '갓+인물명'을 붙여 신격화하듯 칭찬하는 표현으로 사용되었는데, 이 맥락에서 확장되어 하루하루를 계획적으로 알차게 살아가는 모습을 동경해 부르는 말로 정착되었다.

• 아침 여섯 시에 일어나서 운동하고 독서까지 했어. 완전 **갓생** 사는 중.

【 오늘도_#갓생,
신처럼 완벽한 삶이 있을까? 】

어느 날, 한 학생이 내 SNS 이야기를 꺼냈다.

"선생님, 요즘 갓생 사시던데요? 매일 오운완(오늘 운동 완료) 올리시고, 독서도 하시고 진짜 대단하세요!"

"갓생? 나는 그냥 내가 좋아하는 걸 루틴대로 하는 건데?"

"그게 갓생이에요! 저도 갓생 살고 싶은데 뭘 해야 할지 모르겠어요. 남들에게 대단하게 보이는 것들을 하고 싶은데요…."

"남들에게 보이기 위한 것보다 네가 좋아하고 쉽게 할 수 있는 일을 꾸준히 해 보는 건 어떨까?"

"어떤 거요?"

"나 자신에게 집중할 수 있는 것 말이야. 아주 사소해도 괜찮아. 그런 작은 습관이 모여 갓생이 이루어지는 거니까."

학생에게 조언을 해 주고 난 뒤, 나는 곰곰이 생각했다. 남들에게 대단해 보이고 멋있어 보이는 게 진짜 신 같은 삶, '갓생'인 걸까? 하루가 완벽하지 않아도 내 방식대로 충실히 살면 그것이야말로 갓생 아닐까?

【 내 삶을 의미 있게 만들고 싶어서 】

'갓생'은 신처럼 멋진 삶 또는 신처럼 완벽한 삶을 뜻하며, 타의 모범이 될 만큼 열심히 사는 삶을 빗댄 말이다. 젊은 세대가 주도적으로 만들어 낸 다른 단어들도 많은데 왜 갑자기 이 말이 주목받게 되었고 오랫동안 사람들의 입에 오르내리고 있는 걸까?

사회가 빠르게 변화하면서 많은 사람이 자신의 삶을 의미 있게 만들고자 하는 욕구가 커졌다. 자기 관리를 잘하는 삶에는 규칙적인 생활, 건강한 식습관, 운동 등이 동반되기 마련이다. SNS의 영향도 무시할 수 없다. SNS에서 '갓생'을 사는 사람들의 일상이나 성공 사례가 공유되면서 많은 사람이 이러한 삶을 동경하기 시작했다. 우리가 마주하는 갓생을 사는 사람들, '갓생러'들은 자신이 원하는 목표를 이루고 긍정적인 에너지를 발산한다. 그런 에너지가 다른 사람들에게 영향을 주는 것이다.

그런데 간혹 갓생의 방향이 다른 사람과 자신을 비교하는 쪽으로 흘러가기도 한다. SNS 속 세상에서는 모두가 잘 살고 열심히 사는 것처럼 보인다. 매일같이 새벽에 일어나 운동하고 공부하고 책 읽는, 루틴을 지키는 삶을 보게 된다. 그런데 이를 통해 '나도 내 스스로를 위한 일상을 살아야지'라고 마음먹는 게 아니라 그들처럼 정해진 루틴을 지키지 않으면 남들보다 뒤처질까 봐 불안함을 느낀다. 이렇게 자기 성찰을 넘어서 스스로를 채찍질하면 내가 나의 삶을 이끌지 못하고 타인의 시선이나 사회의 시선에 끌려가게 된다. 결국 비교의 굴레에서 벗어나지 못하고 목표를 이뤄야 한다는 강박으로 자리 잡게 되면서 갓생의 의미는 변질되어 버린다.

갓생이라고 하면 흔히 대단한 목표를 이루는 삶을 떠올리지만, 갓생의 핵심은 거창함에 있지 않다. 그것은 매일 조금씩 성장하고자 하는 긍정적인 자기 계발의 마음가짐, 즉 소박한 루틴을 성실히 지키는 삶의 태도에 가깝다. 예를 들어 아침에 일어나 따뜻한 물 한 잔 마시기, 하루 10분 좋은 문장 필사하기 같은 작은 실천이 바로 갓생의 출발점이 될 수 있다. 처음에는 별것 아닌 듯 보일지 모르지만, 이런 일상의 반복은 자신에 대한 믿음과 성취감을 만들고 하루를 의미 있게 채워 준다.

목표 체중을 위해 무리하게 다이어트하고 몸을 보정한 사진을 SNS에 올리는 것이 중요한 게 아니라, 매일의 '#오운완'과 같은 작고 꾸준한 기록이 진짜 나를 위한 자산이 된다. 이 반복이 나만의 루틴을 만들고 결국 스스로에게 집중하는 삶으로 이어진다.

매일 소소한 루틴을 실천하며 우리는 삶을 따뜻하게 바라보는 눈을 기르고, "내가 오늘 하겠다고 마음먹은 일을 잘 해냈어. 충분히 가치 있는 하루였어."라는 내면의 응원을 들을 수 있다. 그것이 갓생의 핵심이며, 자기 삶을 사랑하는 방법이다.

그런데 갓생을 살려다 극심한 무기력과 자책감에 빠지는 경우도 많다. 갓생을 꿈꾸지만 완벽하게 해내지 못하는 자신을 보며 자신의 노력을 의심하고, 우울해하는 학생들도 늘고 있다.

이처럼 갓생으로 인해 자책하는 사람들에게 등장한 새로운 개념이 바로 '겟생'이다. '겟생'은 '얻다'를 뜻하는 '겟(get)'과 '생'의 조합으로, 열심히 살아가는 갓생에 쉼과 회복의 균형을 더한 삶을 의미한다. 공부와 일, 독서와 같은 성과에 몰두하는 갓생에서 벗어나, 잘 놀고 충분히 쉬며 삶

갓생

의 에너지를 되찾는 일상을 포함하는 것이다.

따뜻한 차 한 잔을 마시거나, 좋아하는 음악을 듣거나, 아무것도 하지 않고 누워만 있어도 괜찮다. 나 역시 키우는 열대어를 바라보거나 손 그림 도안으로 종이 놀이를 하며 휴식을 즐긴다.

결국 진짜 갓생이란 완벽에 집착하며 끊임없이 자신을 몰아붙이는 삶이 아니라 어제보다 오늘 더 나은 나를 만들기 위해 느슨하고 유연하게 속도를 조절하는 삶이다. 남과의 비교가 아닌, 어제보다 조금 더 나은 오늘을 꿈꾸며 "내 속도대로 살아도 괜찮아."라고 스스로를 다독이는 것. 하루의 최선을 다한 자신에게 칭찬을 건네는 과정 자체가 진짜 의미 있는 갓생, 그리고 겟생 아닐까?

자기 관리형 삶은 인생을 주체적으로 설계하고 꾸준히 실천하는 태도에 초점을 두며, **계획적인 삶**은 목표를 설정하고 일상의 루틴을 정돈해 살아가는 모습에 주목한다. 언어의 품격을 유지하면서도 긍정적인 방향으로 자기 계발의 가치를 전달할 수 있다. 이 표현들은 '갓생'처럼 유행어의 느낌이 들지 않아 중립적이고 공적인 맥락에서도 사용할 수 있다는 장점이 있다.

목표를 이루는 데
가장 중요한 감정

어원

   2022년 e스포츠 리그 오브 레전드 월드 챔피언십 우승의 주역인 데프트(김혁규) 선수가 그룹 스테이지 1라운드 경기 후 인터뷰에서 이런 말을 했다. "오늘 졌지만 우리끼리만 안 무너지면 이길 수 있을 것 같다." 그를 인터뷰한 기자는 이 말을 어떻게 전달할지 고민한 끝에 "중요한 건 꺾이지 않는 마음"이라는 제목으로 기사를 썼는데, 그 이후로 어떠한 경우에도 포기하지 않는 강한 의지를 나타내는 말의 표본이 되면서 요즘 시대를 관통하는 유행어가 되었다.

예문

- 시험 결과는 별로였지만 **쭝꺾마**지. 다시 도전할 거야.

【 나 자신을 믿는 마음 】

수능이 끝난 고3 학생들 교실에 수업을 하러 들어갔다가 담임 선생님이 가정 체험 학습 서류를 쓰는 학생들을 한 명 한 명 지도하는 모습을 보았다.

"애들아, 한 항목도 빠뜨리지 말고 집중해서 써서 제출해. 장소랑 날짜 꼼꼼하게 살펴보고!"

그랬더니 한 학생이 들릴 듯 말 듯한 혼잣말을 했다.

"집중한다고 해결되나? 이미 근본이 글러 먹었는데."

사실 이렇게 반응할 일도 아니었다. 부정적인 생각에 갇혀 별것도 아닌 일에 자신의 가능성을 차단하고 있는 학생을 보니 안타까워 담임 선생님이 나가시자마자 학생들에게 말했다.

"애들아, 나를 대하는 말부터 바꿔야 나에 대한 자신감이 생기고 모든 일이 잘되는 거야. '나는 될 놈이다' 하고 긍정적으로 생각하자. '어렵지만 나는 잘 해낼 수 있다' '중요한 건 꺾이지 않는 마음'이라고."

우리는 다른 사람에게는 너무나 관대하면서 자기 스스로에게는 철저하게 엄격하다. 그래서 일이 잘 안 풀리면 상대방을 위로하지만 나에게는 그것도 못하느냐며 채찍질할 때도 많다. 하지만 나 자신을 믿고, 스스로에 대한 능력에 회의가 느껴질 때도 포기하지 않고 스스로를 다독이면서 소신껏 밀어붙여야 한다. 왜 이런 마음이 필요할까? 우리는 비교와 평가가 익숙한 사회에서 살고 있기 때문이다. 비교당하는 게 두려워 곧바로 포기하거나 시도조차 하지 않는다면 '내가 할 수 있을까?'라는 생각에 움츠러들어서 어떤 일도 추진력 있게 해낼 수 없다.

【 현대인의 생존 기술 】

각 분야에서 자신의 길을 개척하고 있는 여성들의 이야기를 담은 인터뷰집 『멋있으면 다 언니』에서 범죄 심리학자인 이수정 교수는 급속도로 변화하는 환경 속에서는 누구나 변해야 살아남을 수 있다고 이야기한다. 그는 음대 석사와 범죄 심리학과 석사를 거쳐 지금은 미국 대학교수가 된 한 제자의 이야기를 꺼내며 이런 말을 한다. 정해진 시

중꺾마

점에 해야 할 일을 하지 못했다고 해서 포기해야 하는 건 아니라고. 한참 돌고 돌더라도 방향을 틀어 내 자리를 찾으면 되는 거라고. 기회는 빨리, 혹은 늦게 오기도 하므로 포기하지만 않으면 된다고 말이다.

이 부분을 읽으니 그 제자는 저렇게 긴 시간 동안 자리를 잡기 위해 힘들고 불안한 시기를 보냈겠다는 생각이 들었다. 실제로 목표를 달성할 때까지는 불안이 크다. 그 과정 자체에서 미래를 확답받을 수 없으니까. 하지만 불안에 휩싸여서 아무것도 도전하지 못한다면 발전이 없는 최악의 상황이 될 것이다.

올더스 헉슬리의 소설 『멋진 신세계』를 보면, 철저히 계획되고 통제된 사회 속에서 누구나 자신의 역할에 만족하며 사는 사람들이 등장한다. 그들은 왜 자신이 그런 삶을 사는지 고민하지 않는다. 그렇기에 불안 같은 건 느낄 수가 없다. 하지만 내 인생에 대한 선택권 없이 매일 똑같은 삶을 살아야만 한다면 어떨까? 일상의 불안을 이겨 내는 '꺾이지 않는 마음'은 우리가 살아가는 데 가장 중요하며 필수적인 삶의 태도일지도 모른다.

오뚝이는 넘어져도 다시 일어나는 특성을 가진 장난감에서 따온 말로, 실패나 좌절에도 다시 일어서는 사람을 상징한다. 꺾이지 않고 계속 나아가는 이미지를 직관적으로 전달할 수 있다. 재도전은 단순하면서도 긍정적인 뉘앙스를 가진 표현으로, 실패 후 다시 시도하는 태도를 강조한다. '포기하지 않고 다시 해 보는 것'의 의미를 자연스럽게 담고 있다.

취향의 일원화

　'국룰'은 게임에서 처음 사용된 단어다. 워크래프트3라는 게임에서 처음 사용되었고, 1인칭 슈팅 게임 아바 온라인에서 특정 전투 방식을 지칭하는 용어로 쓰였다. 나라를 뜻하는 한자어 '국(國)'과 규칙을 뜻하는 영어 '룰(rule)'을 합쳐 만든 말로, 국민 대부분이 받아들일 만큼 누구나 인정하는 당연한 일이나 규칙을 말한다. 현재에는 특정 집단 및 사회에서 통용되는 규칙이나 관습을 지칭하는 용어로 사용되고 있다.

- 치킨엔 맥주가 **국룰**이지.
- 김치볶음밥엔 계란프라이가 **국룰**이지.

【 최소한의 예의와 선 】

퇴근 후 집에 가는 길에 아이들에게 전화를 걸었다. 저녁으로 뭐가 먹고 싶냐고 물었더니 피자를 먹고 싶다고 해 배달 앱으로 피자를 시켰다. 아이들이 평소에 탄산음료를 잘 먹지 않아서 피자 박스에서 탄산음료를 꺼내 냉장고에 넣고 우유와 주스 중 무엇을 마실 건지 물었더니 초등학교 3학년인 둘째가 내게 이렇게 말했다.

"엄마, 피자엔 콜라가 국룰인데…."

비 오는 날에는 해물 파전, 치킨에는 맥주, 김밥에는 라면, 흰 티에는 청바지…. 이런 것이 바로 '국룰'이다. 처음에는 게임에서 서로 간에 암묵적인 선을 정해 그 선을 넘지 말라는 의미에서 '룰(rule)'을 붙였는데, 지금은 그 의미를 넘어서 유행이나 대세를 의미하는 말로 굳어졌다.

【 나의 취향, '국룰'로 이야기하다 】

'국룰'은 개인의 취향을 강조할 때도 사용된다. 하루는 도서부 학생들과 도서관에서 책 정리를 했다. 도서관 이사도 했겠다, 수고했다며 점심을 시켜 주기로 하고 메뉴를 고르라고 했더니 한 아이가 이렇게 말했다.

"선생님, 이사한 날엔 짜장면이 국룰이죠."

"선생님, 짜장면엔 탕수육이 국룰인 거 아시죠?"

"선생님은 뭐 드실 거예요?"

나는 평소 짜장면을 먹지 않는다. 매운 음식을 좋아해서 짬뽕만 먹는다. 그런데 그날은 왠지 짜장면을 시켜야만 할 것 같았다. 그래서 나도 모르게 "그럼 나도 짜장면."이라고 대답하고 말았다. 원래 선생님이 먼저 짜장면을 주문하면 학생들이 눈치를 보다가 같은 것을 시키지 않는가? 현실은 달랐다. 내가 애들 눈치를 보고 있었다.

탕수육이 왔는데 국룰 2차전이 벌어졌다. 바로 '부먹 대 찍먹' 논쟁이었다.

"소스 붓는다."

"야, 붓지 마. 튀김옷 눅눅해진다고. 탕수육은 찍먹이 국룰인 거 몰라?"

"야, 소스를 부어야 양념이 고루 배어서 맛있단 말이야. 탕수육은 부먹이 국룰이라고."

하나의 음식 앞에서 서로 다른 국룰을 주장하며 논쟁을 벌이는 것을 보니 이 말은 따라야 할 규칙이 아니라 단순히 개인의 취향을 강조하기 위해 쓰는 것이 아닌가 싶었다.

【 국룰에서 소외감을 느낀다면 】

베트남 여행 계획을 짤 때였다. 관광지와 맛있는 식당을 알아보려고 '나트랑 맛집'과 '여행 코스'를 검색했다. 그랬더니 '식당 메뉴 국룰'은 반쎄오와 분짜, 모닝글로리(공심채)이므로 3인이라면 이 메뉴대로 시키라는 친절한 설명이 나왔다. 또 다른 검색에서는 '여행 국룰 코스'로 담시장과 포나가르 사원 등을 언급하며 이 코스대로 가면 완벽하다는 글이 나왔다. 이런 정보들을 보니 '국룰'이라는 단어가 갑작스럽게 무언의 압박으로 느껴졌다. '나는 분짜를 별로 좋아하지 않고 여름철 더운 날 그늘 하나 없는 사원은 가고 싶지 않은데…'라는 생각이 머릿속을 스쳤다. 다른 이들은 '국룰'이라는데, 내가 너무 다른 선택을 하는 것은 아닐까 하는 불안감도 생겼다.

터키에 가면 열기구 타기가 국룰이고, 파리에서는 에펠탑 앞에서 사진 찍기가 국룰일 것이다. 강릉에 가면 물회를 먹는 것이 국룰이라는 사실도 알지만, 누군가는 에펠탑 앞에서 사진을 찍는 것이 진부하게 느껴지거나, 강릉에 갔는데 햄버거를 먹고 싶을 수 있지 않은가? '국룰'은 때로 트렌드를 반영하는 재미있는 밈처럼 보이지만, 그만큼 개인의 취향을 제약하는 요소로 작용할 수 있다.

이러한 '국룰'이 하나둘 생기면 자신의 취향을 표현하는 데 불편함을 느끼게 된다. 대중이 정한 기준에 맞추지 않으면 마치 '비정상'이 되는 듯한 기분을 주기 때문이다. 산에 오르기 위해 특정 브랜드의 비싼 등산복을 입는 것은 국룰이 아니다. 단지 개인의 '선택'일 뿐이다.

국룰은 개개인이 가진 취향이나 개성을 무시하고 남들이 다 그렇게 하니까 너 또한 그렇게 행동해야 한다고 무언의 압박을 주는, 자신의 취향이나 고집을 남에게 강요할 때 남발하는 단어 같다는 생각이 든다. 아무렇지 않게 말했을지도 모르지만 이 말을 내뱉으면 개인은 취향을 표현하는 데 불편함을 느끼고 결국에는 자신의 고유한 정체성을 숨기게 된다.

국룰

취향을 국룰로 정하고, 동일한 취향이 아니면 적대시하는 사회. 가끔은 폭력적이다. 이런 사회에서 우리는 모두 자신의 취향을 소중히 하고 고유한 정체성을 지킬 수 있어야 한다. 각자의 취향이 다르다는 것, 그리고 그 다름이 존중받아야 한다는 사실을 아는 것이야말로 진정한 다양성의 시작이 아닐까?

　대체 표현인 **암묵적 규칙**, **불문율**은 모두 '국룰'의 뜻을 좀 더 격식 있고 설명적인 어휘로 바꾼 표현이다. '암묵적 규칙'은 말이나 문서로 명시되진 않았지만 대부분이 당연하게 따르는 행동 기준을 말하며, '불문율'은 글로 적지 않아도 모두가 지켜야 하는 규칙이나 관습을 의미한다. 둘 다 공식적인 자리나 글쓰기에서 '국룰'을 대신할 수 있는 표현으로 적합하다.

말보다 마음이
먼저 전해지도록

　'알잘딱깔센'은 '알아서 잘, 딱(정확히) 깔끔하고 센스 있게'의 줄임말이다. 한 인터넷 스트리머가 팬들과의 소통 중 처음 사용한 말로, 이후 SNS와 동영상 플랫폼 등을 타고 빠르게 퍼졌다. 인터넷에서는 짧고 강한 말장난을 즐기는 문화가 자리 잡고 있는데, '알잘딱깔센'은 그 흐름 속에서 '말 안 해도 알아서 잘해 줘.'라는 기대를 다섯 글자로 센스 있게 압축한 표현으로 사랑받게 되었다.

• 쟤는 말 안 해도 완전 척척 알아서 하더라. 완전 **알잘딱깔센**.

【 다섯 글자가 가진 소통의 힘 】

우리는 요즘 말을 줄이는 데에 그치지 않고, 감정까지 농축해 전달하는 시대에 살고 있다. 짧고 센스 있는 한마디로 부담 없이, 그러나 정확하게 내가 하고자 하는 말을 전할 수 있다면, 그건 단순한 표현이 아니라 하나의 기술이자 감성이다.

'알잘딱깔센'을 처음 들었을 땐 그냥 말장난처럼 느껴졌다. 하지만 쓰면 쓸수록 실감한다. 이 다섯 글자는 생각보다 꽤 실용적이고 정서적으로도 풍부한 표현이라는 것을. "그냥 좀 알아서 잘해 줘." 같은 부탁은 자칫 상대를 불편하게 만들 수 있지만, "알잘딱깔센으로 부탁해."라고 하면 왠지 웃으면서도 내가 하고 싶은 말의 의미는 정확히 전할 수 있다. 지금 세대가 선호하는 소통 방식이 어떤 것인지, 이 짧은 말 안에 다 들어 있는 셈이다.

매일 점심시간이면 도서부 학생들이 도서관으로 봉사 활동을 하러 온다. 그들의 주요 임무는 책 반납함 확인하기나

알잘딱깔센

서가에 책 꽂기, 바닥 청소하기, 쓰레기통 비우기 등이다. 나는 학기 초부터 한 달간 도서부 학생들에게 도서부 활동의 모든 것을 차근차근 설명했다. 처음엔 잘 따라오는 듯했지만 문제는 그다음부터였다.

"선생님, 오늘은 뭐해요?"

"청소할까요? 쓰레기 정리할까요?"

"오늘은 할 일 있나요?"

이 질문은 한 달 후에도, 두 달 후에도, 심지어 2학년이 된 다음 해에도 계속되었다. 매일 반복되는 질문에 나는 점점 지쳐 갔다. 결국 나는 작은 조치를 취하기로 했다. 바로 '도서부 알잘딱깔센 할 일 목록'을 만드는 것.

다음 날, 학생들은 여전히 내 눈치를 슬쩍 보며 입을 열었다.

"선생님, 오늘은 뭐…."

말이 끝나기 전에 나는 조용히 서가 쪽을 손가락으로 가리켰다. 그걸 본 아이들은 목록을 훑어보고, 알아서 책을 정리하고, 바닥을 청소하고, 반납함을 정돈하기 시작했다. 마치 도서관 전체에 '알잘딱깔센 모드'가 활성화된 듯했다.

'알잘딱깔센'은 그저 센스 있는 줄임말이 아니라 말보다 마음이 먼저 전해지는 말이다. 나는 그날, 다섯 글자가 가진 소통의 힘을 믿게 되었다.

아마 내가 "몇 번 말했니? 알아서 좀 해라."라고 잔소리를 했다면 학생들은 기분이 상했을 것이다. 나 역시 그런 말을 반복해야 하는 상황이 불편했을 테고. 그런데 다섯 글자짜리 이 말이 우리 모두를 조금 더 편안하게, 서로를 존중하며 소통할 수 있게 해 주었다. 설명이나 지시 없이도 서로 마음 상하지 않고 할 일을 해내는 마법의 언어였다.

【 말 안 해도 척척, 교실 속 알잘딱깔센 】

"야, 그거 알잘딱깔센으로 좀 해 줘."

요즘 교실에서 종종 들리는 말이다. 조별 과제를 하거나 발표를 준비하거나 친구에게 뭔가 부탁하고 싶을 때, 길게 말하지 않아도 센스 있게 통했으면 하는 그 마음. 그럴 때 우리는 이렇게 툭 던진다. "알잘딱깔센, 몰라?"

그렇다면 교실에서 '알잘딱깔센'을 제대로 뽑아내는 MBTI는 무엇일까? 말 안 해도 척척 움직이고, 센스 있게 분위기를 챙기는, 교실 속 알잘딱깔센 4대장을 소개한다.

반장력 만렙 ESFJ

반장을 하든 안 하든, 항상 반장처럼 움직인다. 친구가 뭘 필요로 하는지 눈빛만 봐도 척 알아차리고 조별 과제 분담은 이미 완료, 발표 순서까지 정리해 놓는다. "어떡하지?" 하는 순간, ESFJ는 이미 한발 앞서 있다. 덕분에 교실은 늘 따뜻하고 안정적이다. 다만 뭐든 다 혼자서 책임지다 보면 본인이 지칠 수도 있다는 점을 주의하자.

조용한 조력자 ISFJ

말보단 행동. 미리 자료를 정리해 놓고, 언제 만들었는지도 모르게 문서가 완성되어 있다. 티도 안 내고 칭찬도 바라지 않지만, 알고 보면 팀 성적의 80퍼센트는 이 친구 덕이다. 진짜 '숨은 MVP'. 하지만 너무 조용하게 일하다 보면 노력을 알아주지 못하는 친구들이 있어 서운할 수도 있다.

감성 리더 ENFJ

누가 어떤 부분에서 힘들어하는지 이미 다 파악하고 있는 역할 조정 마스터. 감성과 논리로 팀워크를 조율하며 발표 부담은 줄이고 효율은 높인다. 분위기 흐트러지면 센스 있는 농담으로 기류 정리까지 완벽. 단, 자신보다 남을 먼저 챙기다 지칠 수 있으니 자기 돌봄도 잊지 말자.

교실 속 해결사 ESTP

복잡한 말? 패스. "내가 할게!"라며 바로 행동하는 실전형. 발표자가 빠지면 순식간에 대타로 투입, 장비가 고장 나면 "기다려 봐." 하고 이미 움직이고 있다. 빠른 판단력과 추진력으로 위기 상황을 해결하는 ESTP는 '위기의 순간, 든든한 한 사람'으로 기억된다. 다만 감정적인 공감력은 약한 편이다.

이 네 유형은 교실 안에서 '알잘딱깔센'을 가장 잘 실천한다. 말하지 않아도 움직이고, 부탁하지 않아도 먼저 챙기며, 보여 주기보다 함께 잘하려는 태도. 이들이 있어 교실은 오늘도 부드럽게 돌아간다. 다섯 글자, 그 속에 담긴 센스와 배려를 몸소 보여 주는 친구들. 알잘딱깔센, 진짜는 말보다 행동이다.

'알잘딱깔센'은 감각이 권위보다 중요한 시대, 눈치와 공감이 리더십보다 더 인정받는 문화 속에서 태어난 말이다. 서로를 귀찮게 하지 않으면서도 잘 지내고 싶은 지금 세대의 관계 철학이 여기에 담겨 있다. 센스, 배려, 간결함, 유쾌함, 이 네 가지가 바로 '알잘딱깔센'을 받쳐 주는 감정의 중심이다.

심리학적으로 사람은 불확실한 관계 속에서 통제 욕구를 느낀다고 한다. "내가 이걸 굳이 말해야 하나?" "상대가 알아채 줄까?" 하는 고민은 곧 설명이라는 감정 노동으로 이어지는데 청소년들은 이 부담을 줄이고 싶어 한다. 그래서 긴 말 대신 '알잘딱깔센'이라는 다섯 글자를 택한다. 말은 줄었지만 의미는 더 풍부해졌다.

이 단어에는 두 가지 감정이 절묘하게 공존한다. 하나는 "말 안 해도 내 마음 알아 줘."라는 은근한 기대, 또 하나는 "그렇다고 너무 부담스러워하진 마."라는 여유. 이 모순적이지만 현실적인 태도는 지금 세대가 관계를 다루는 방식 즉, '센스 있게 다가가되 결코 부담 주지 않고 무겁지 않게'를 가장 잘 보여 준다.

센스 만렙은 '센스'에 게임 용어인 '만렙(최고에 도달한 수준)'이 붙어, 센스가 매우 뛰어난 사람을 의미한다. '알잘딱깔센'처럼 말하지 않아도 척척 해내는 능력을 긍정적으로 드러낸 표현으로, 유머를 담고 있어 교실이나 친구 사이에서 가볍고 친근하게 사용할 수 있다.

힘 뺀 척하지만
사실은 디테일의 완성

'꾸안꾸'는 '꾸민 듯 안 꾸민 듯'의 줄임말로, 2019년 후반부터 인터넷에서 유행하기 시작했다. 화려한 패션과 반대되는 심플하고 단순한 스타일을 추구한다. 지금은 패션뿐 아니라 메이크업, 인테리어, 말투, 심지어 SNS 피드 꾸미기까지 일상 전반에서 사용된다.

• 너 오늘 옷 좀 **꾸안꾸** 느낌인데?

〔 자연스러운 듯 철저하게,
꾸안꾸의 숨은 공식 〕

점심시간, 도서관에 책을 빌리러 온 지우가 눈에 띄었다. 빈티지 느낌이 물씬 나는 반팔 티셔츠, 아무렇게나 대충 묶은 듯한 똥머리, 헐렁한 트레이닝 바지. 그런데 왠지 모르게 세련됨이 철철 넘치는 모습이었다. 딱 봐도 '꾸안꾸'의 정석이었다.

"지우야, 오늘 왜 이렇게 예뻐?"

내가 말을 건네자 지우가 머리를 긁적이며 말했다

"아, 저요? 그냥 대충 입은 건데요."

'그래, 너는 대충 입어도 참 예쁘다.'라는 말이 자동으로 튀어나오려던 찰나 지우가 슬쩍 웃으며 덧붙였다

"샘, 근데 이거 아세요? 이 똥머리 아침에 30분 넘게 묶은 거예요. 이 티셔츠요, 어제 새로 산 건데 오늘 입으려고 어젯밤부터 어떻게 입을지 고민했어요. 트레이닝 바지도 티셔츠랑 깔맞춤한 거고요."

꾸안꾸

그 말을 듣는 순간 웃음이 터졌다. 대충 입었다는 시크한 말 뒤에는 사실 치밀한 계산과 연출이 숨어 있었다. 꾸미지 않은 것 같아도 사실 하나부터 열까지 다 계획된 연출, 그것이 꾸안꾸의 숨은 공식인지도 모른다.

꾸안꾸는 신경 쓰지 않은, 자연스러운 느낌을 주면서도 예뻐 보이고 싶은 욕구에서 출발한다. 친구들을 만날 때 너무 티 나게 꾸미면 오히려 어색하거나 과하게 보일까 봐 걱정하면서도, 완전히 꾸미지 않으면 센스가 없는 사람처럼 보일까 봐 불안한 마음 또한 생긴다. 이 두 가지 심리 사이에서 꾸안꾸는 적당히 멋지면서도 자연스러움을 챙길 수 있는 안전한 선택지가 된다. 게다가 '노력하지 않았는데 타고난 듯' 보이고 싶은 욕구도 한몫한다. "아무렇게나 입었는데도 예쁘네."라며 자연스러움 속의 노력을 숨기고자 하는 전략적 태도인 것이다. 거울 앞에서 한 시간은 고민하고, 그날의 옷, 색깔, 신발, 액세서리까지 다 철저하게 신경 썼는데도 "나 오늘 신경 하나도 안 썼어."라고 여유 있게 말하는 게 포인트.

〔 보여 주기의 새로운 기술 〕

꾸안꾸는 더 이상 패션만의 이야기가 아니다. 디지털 시대가 열리면서 사람들은 현실뿐 아니라 온라인에서도 꾸안꾸를 연출한다. 필터를 쓰지 않은 듯 자연스럽게 찍은 셀카, 어지러워 보이지만 한편으로는 감각적인 SNS 피드, 아무 말이나 툭 던진 것 같지만 사실은 수십 번 고쳐 쓴 캡션까지. 자연스럽고 무심한 듯해야 더 있어 보이고, 노력하지 않은 듯해야 더 멋져 보이는 이 아이러니한 감각이 온라인 공간까지 확장된 것이다. 현실과 온라인 모두에서 타인의 시선을 의식하며 만들어진 새로운 문화라고 할 수 있다.

하지만 진짜 멋은 타인의 시선에 맞춘 연출이 아니라 나 스스로 만족하는 나다움을 찾아가는 데서 시작된다. 그러니 오늘도 거울 앞에서, SNS 업로드 버튼 앞에서, 다시 한 번 스스로에게 물어보길 바란다. 나는 누구에게 멋져 보이고 싶은가? 지금 나의 선택은 진짜 나를 위한 것인가?

【 노력의 흔적을 숨기는 경쟁 】

어쩌면 꾸안꾸는 우리 사회가 만들어 낸 '노력의 흔적을 숨기는 경쟁'일지도 모른다. 땀 흘려 준비했지만 그 흔적을 드러내지 않고, 자연스럽게 타고난 것처럼 보여야 인정받는 분위기, 열심히 했다는 말보다 "그냥 해 봤는데 됐어."라고 말할 때 더 멋져 보인다고 믿는 사회적 시선, 그것이 이 단어의 본질일지도 모른다.

사람들은 이미 각자의 삶에서 충분히 치열하게 노력하고 있지만, 그 치열함마저 숨겨야 센스 있고 여유 있는 사람처럼 보인다고 느낀다. 노력하지 않은 듯 보이는 게 더 멋지다는 이 아이러니한 문화가 우리를 끊임없이 지치게 하고 있지는 않을까? 누군가에게 보여 주기 위해서가 아니라 나답게 살아가는 것, 치열하게 고민하고 애쓴 나의 과정을 부끄러워하지 않는 것, 그것이 오히려 가장 멋진 모습이라는 사실을 잊지 않았으면 한다.

꾸안꾸

1. 자연미 추구

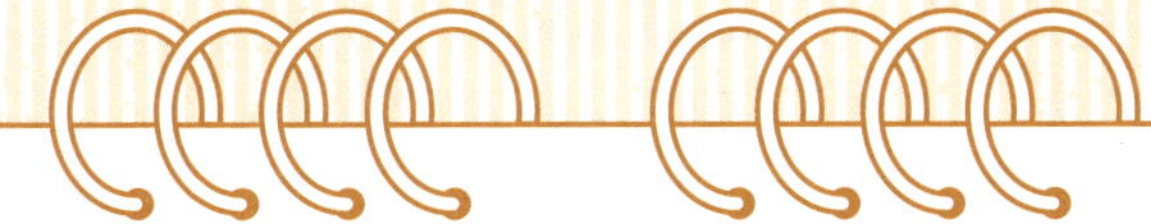

자연미 추구는 자연스러운 아름다움을 추구한다는 의미로 쓰일 수 있으며, 나다움과 자연스러운 멋을 표현할 수 있는 용어다.

웃음 뒤에 가려진
언어의 무게와 책임

　'병맛'은 '병신 같은 맛'을 줄여 만든 인터넷 신조어다. 여기서 '병신'은 '병든 몸'을 뜻하는 한자어로, 본래는 중립적인 표현이었다. 그러나 시간이 흐르면서 장애인을 비하하는 욕설로 변질되었고, 온라인에서는 조롱과 경멸의 의미로 소비되기 시작했다. '병신 같다'는 표현은 점차 어이없고 말도 안 되는 상황을 가리키는 말투로 굳어졌고, 여기에 '맛'을 붙인 '병맛'은 맥락 없이 황당하고 비상식적인 상황을 웃음의 코드로 표현할 때 쓰이는 표현으로 자리 잡았다.

- 이 웹툰 **병맛**인데 계속 보게 돼.

【 어이없는데 왜 끌리는 걸까? 】

병맛 드라마, 병맛 닉네임, 병맛 프로필 사진…… '병맛'이 끌리는 이유는 단순히 웃기기 때문만은 아니다. 그 이면에는 심리학적으로 '인지부조화 해소'라는 개념이 작용한다. 인지부조화란 우리의 예상과 실제 상황이 어긋날 때 느끼는 불편함이다. 예를 들어 '영화는 논리적이고 완성도 있어야 해.'라고 생각해 오다가 전개도 황당하고 대사도 이상한 영화를 보면서 계속 웃고 있다는 사실을 깨달았을 때, 심리적 충돌을 느낄 것이다. 이때 사람들은 두 가지 반응 중 하나를 보인다. "이건 수준 낮은 영화야."라며 부정 또는 외면하거나 "그런데 웃기긴 하네."라며 마음속 기준을 새롭게 정리하는 것. 후자의 경우, 사람은 스스로의 불편함을 해소하기 위해 그 콘텐츠를 '독특하다' '생각 없이 보기 좋다' '의외로 괜찮다'는 식으로 자기합리화한다. 결국 그 순간부터 병맛은 단순한 유머를 넘어 스트레스를 해소해 주는 수단이 된다.

【 웃음으로 풀어낸 생존 방식 】

　병맛은 단지 허술하고 어설픈 콘텐츠가 아니다. 그 속에는 정제되지 않은 솔직함과 진심이 담겨 있고, 진지함을 내려놓았기 때문에 가능한 가벼움이 있다. 개연성도 없고 설정도 부실하지만, 그래서 더 솔직하고 더 인간적이다. 웃긴데 웃어도 되나 싶은 어색한 웃음, 처음엔 어이없다가 나중엔 괜히 생각나는 장면들. 우리가 병맛을 좋아하는 이유는 단순히 재미있어서가 아니라, 이것이 삶 속의 부조리함을 잠시라도 가볍게 넘길 수 있도록 도와주기 때문이다.

　'병맛 콘텐츠'는 오늘날 청소년들에게 '패배자의 유머'이자 해방구가 된다. 현실은 무겁고, 경쟁은 치열하며, 실수는 낙오로 이어지는 시대에 살아가는 우리는 점점 더 완벽을 강요받는다. 그런 사회 속에서 병맛은 모든 기준을 해체한다. 설정이 엉망이든, 그림이 조잡하든, 말이 안 되든 상관없다. 오히려 그런 불완전함이 매력이다. "뭐가 저래?" 싶은 장면이 반복될수록 우리는 왠지 모르게 위로받는다.

　그래서 병맛은 완벽을 내려놓는 방식이라는 생각이 든다. 그 느슨함이야말로 요즘 우리에게 가장 필요한 감정일지도. 병맛 콘텐츠를 보며 낄낄대는 그 순간, 무거운 기준

에서 벗어나 잠깐의 자유를 느낀다. 그것이면 충분하다. 병
맛은 웃음으로 삶을 버틸 수 있게 해 준다. 병맛은 하나의
생존 방식이 된 것이다.

【 그 언어의 무게까지 생각할 수 있다면 】

나는 요즘 1학년 학생들과 함께 『명심보감』 필사 수업을
하고 있다. 『명심보감』의 각 장마다 학생들에게 의미가 있
을 만한 구절을 골라 화면에 띄워 주고, 학생들은 그 문장
을 따라 쓰며 '이 문장에 대한 나의 생각'을 간단히 적는 방
식이다. 명문장을 베껴 쓰는 것도 중요하지만, 그 문장에
자신의 경험이나 생각을 녹여 보는 시간이 훨씬 더 값지다
고 생각하기에 늘 그 부분을 강조한다.

어느 날은 착하게 살라는 내용이 담긴 「계선 편」을 다루
었다. 마음속 선한 의지를 어떻게 이어 갈지에 대해 이야
기를 나누던 중, 학생들이 이 부분을 어떻게 받아들이는지
궁금해서 돌아가며 발표를 시켰다. 그러자 한 학생이 자신
있게 손을 들더니 노트에 써 둔 내용을 그대로 읽기 시작
했다.

병맛 

병맛 코드, 병맛 개그

"계선을 보면 '나를 착하게 대하는 사람에게 나도 착하게 대하고, 나를 나쁘게 대하는 사람에게도 역시 착하게 대하라'라고 나오는데, 솔직히 이해가 안 된다. 나를 나쁘게 대하는 사람에게 굳이 착하게 대할 필요는 없다. 착한 사람 증후군에서 벗어나야 한다고 생각한다. 이런 건 옛날부터 사람들이 고민해 온 문제인데, 지금도 답이 없는 것 같다."

학생의 말이 끝나자 옆에 있던 친구들이 킥킥 웃으며 "완전 병맛이네." 하고 중얼거렸다. 순간 교실 안에 웃음이 퍼졌다. 나는 그 반응을 지켜보며 생각했다. 솔직함을 넘어서, 가끔은 정말 답이 없는 것 같다고 느껴지는 순간이었다.

그러다 이런 생각이 들었다. '병맛'은 정말 그저 웃어 넘길 만한 말일까? 우리가 무심코 사용하는 이 단어가 누군가에게 상처로 남는다면, 그 웃음은 정말 괜찮은 걸까? 무심코 던진 말 한마디에 누군가는 걸려 넘어졌을지도 모른다.

물론 웃고 싶은 마음은 충분히 이해된다. 요즘 같은 시대에 잠깐의 어이없고 허술한 장면 하나가 주는 해방감은 얼마나 소중한가. 하지만 그 웃음의 바탕이 누군가에게 불편함을 준다면, 누군가의 고통과 맞닿아 있다면 우리는 잠시 멈춰 생각해 볼 필요가 있다. 또 병맛이라는 말의 뿌리가 차별적인 언어에서 출발했다는 점도 잊지 않으면 좋겠다. 말은 단지 흘러가는 소리가 아니다. 그 안엔 무게가 담겨 있고, 어떤 말은 누군가에게 웃음이 아니라 아픔으로 다가올 수 있다. 지금 우리가 웃고 있는 이 장면이 누군가에게는 결코 웃기지 않을 수도 있다는 사실을 기억해야 한다.

'병맛'이라는 표현은 어이없고 엉뚱한 재미를 뜻하지만, 그 어원에 혐오 표현이 포함되어 있어 공식적인 자리에서는 사용에 주의가 필요하다. 이때 대체어로 **B급 감성**을 사용하면 병맛이 지닌 비정상적이면서도 매력적인 콘텐츠의 특성을 그대로 살리면서, 독특한 스타일에 대한 긍정적인 분위기를 제공할 수 있다. **참신한**은 병맛이 가진 기괴함보다는 기존의 틀을 깨는 새로운 시도와 창의성을 부각시킨 표현이다.

지지와 연대의 새로운 소비

'돈쭐'은 '돈'과 '혼쭐'을 합쳐 만든 신조어로, 누군가의 선한 행동에 대해 돈으로 보답하며 응원한다는 의미를 담고 있다. 원래 '혼쭐을 내다'는 꾸짖거나 혼내는 상황에서 쓰이는 부정적 표현이지만, '돈쭐'은 그 반대로 칭찬하고 격려하는 방식이다. 대체로 착한 일을 한 가게에 찾아가 물건을 사는 선의의 소비 행위를 뜻한다.

이와 같은 현상은 불매 운동을 뜻하는 '보이콧'의 반대말인 '바이콧'과도 유사하다. '돈쭐'은 바이콧의 한국형 표현이라 할 수 있으며, 선한 소비의 시대정신을 반영한 대표적 신조어로 자리 잡고 있다.

- 어려운 이웃에게 도시락을 나눠 줬대. 가게에 가서 **돈쭐** 내 줘야겠어.

【 MZ, 의미를 소비하다 】

형편이 어려웠던 A군은 치킨을 먹고 싶어 하는 동생을 위해 5000원을 들고 거리로 나섰다. 하지만 그 돈으로는 어디에서도 치킨을 살 수 없었다. 마침 치킨 가게 앞에 있던 사장이 떼를 쓰는 동생을 다독이는 형을 보고 무언가를 직감했다. 형이 어렵게 "치킨을 5000원어치만 먹을 수 있을까요?"라고 묻자, 사장은 형제를 가게 안으로 들이고 치킨을 마음껏 대접했다. 이후 동생은 몇 차례 더 가게를 찾았다. 사장은 그때마다 공짜로 치킨을 튀겨 주고, 덥수룩해진 머리를 보고 이발을 시켜 주기도 했다. 그러나 미안한 마음 때문인지 형제는 어느 날부터 발길을 끊었다.

1년이 지나, 형은 손 편지 두 장으로 고마운 마음을 전했다. 동생과 편찮은 할머니와 사는 형편에 따뜻한 한 끼가 자신에게 얼마나 큰 위로가 됐는지를 이야기하며, 자영업자들이 어려운 시기인데 사장님은 어떻게 지내시는지 궁금하다는 말도 덧붙였다. 이 사연이 알려지자 사람들은 해당

가게를 '돈쭐' 내 주겠다며 주문과 후원을 몰아주었다. 치킨집 사장은 후원금 600만 원을 결식아동을 지원하는 데 기부했다.

디지털 환경에 익숙한 요즘 세대는 정보 공유와 여론 형성에 능하고, 자신이 지지하는 브랜드나 가게에 대한 소비와 응원을 거리낌 없이 실천한다. 이들은 선행을 한 가게나 사회적 책임을 다한 기업에는 기꺼이 지갑을 열고, 반대로 논란이 있는 업체에는 불매 운동으로 대응한다. 수동적인 소비자가 아니라 사회를 변화시키는 능동적 경제 주체로서 활동하는 것이다. 또한 이러한 소비를 통해 자신이 지지하는 가치나 신념을 드러내는데 이를 두고 '미닝아웃(Meaning Out)' 소비라고 부른다. 미닝아웃은 '신념(meaning)'과 '커밍아웃(coming out)'의 합성어로, 구매라는 행동을 통해 개인의 사회적 목소리와 취향, 신념을 공개적으로 표현하는 것을 말한다.

'돈쭐'은 기분 좋은 실천이며, 더 나은 세상을 만들기 위한 작은 연대의 방식이 되고 있다. 착한 소비는 조용한 선의에 머물지 않는다. 가치 있는 소비를 통해 자신의 신념을 표현하고, 더 나은 사회로 나아가는 주체가 된다.

【 선의의 소비가 조작이 되는 순간 】

"가난한 남매가 음식점에서 음식을 하나만 시킨다면?"

한 유튜브 영상이 큰 화제를 모았다. 남매로 보이는 두 아이가 식당에 들어가 떡볶이와 김치말이 국수를 먹고 싶어 하지만, 가진 돈이 부족해 국수 한 그릇만 시킨다. 동생이 한 입이라도 먹으라고 권하지만, 오빠는 배부르다며 사양한다. 이 모습을 본 직원은 아이들에게 음료수를 챙겨 주고, 떡갈비까지 서비스로 내준다. 남은 음식을 포장까지 해주는 장면에 "이런 가게는 돈쭐 나야 해요""꼭 가서 먹고 올게요!" 같은 따뜻한 반응이 이어졌다.

그런데 이 영상이 연출된 것이라는 의혹이 제기되면서 반응은 달라졌다. 촬영 각도와 태그 설정, 식당 상호 노출 방식 등 여러 정황이 사전에 준비된 연출일 가능성을 보여주었다. 사람들은 당황했고, '감동 실화'는 '억지 감동 연기'라는 비판에 휩싸였다.

처음엔 이런 콘텐츠를 보고 마음이 움직이지만, 알고 보면 계산된 연출이라는 사실에 사람들은 실망한다. 그리고 그 실망은 정말 따뜻한 일을 하는 사람들까지도 의심하게 만든다.

　돈쭐이라는 문화 자체는 참 좋다. 착한 일을 한 가게를 칭찬하고, 소비로 응원하는 건 공동체 안에서 서로를 격려하는 아주 건강한 방식이다. 하지만 그 따뜻함이 콘텐츠로만 소비되고 진심이 아닌 쇼처럼 느껴지기 시작하면 오히려 마음을 닫게 만든다.

　좋은 일은 누가 보지 않아도 좋은 일이어야 한다. 우리 사회를 따뜻하게 만드는 문화가 오랫동안 이어지기 위해선, 가짜 감동보다 진정성이 앞서야 한다. 감동은 '슬픈 장면'이 아니라 '공감하는 마음'에서 나온다는 것을 우리 모두 기억하면 좋겠다.

착한 소비는 조금 더 명확하게 '가치 소비'와 연결된 개념이라 할 수 있다. '돈쭐'이 감동적인 선행에 반응해 물건을 사 주는 일회성 응원 소비라면, '착한 소비'는 그 소비 행위에 분명한 가치와 신념을 부여하고, 이를 외부에 드러내는 의식적 실천이 될 수 있다.

'추구미'는 '추구하다'와 아름답다는 뜻의 한자 '미(美)'가 결합된 말로, 내가 추구하는 이상적인 이미지를 의미한다. 단순히 외적인 아름다움에 국한되지 않고 개인의 취향이나 감성, 가치관까지 아우르는 신조어로, 획일화된 아름다움에 갇히기를 거부하고 자신만의 색깔을 찾고자 하는 열망이 담겨 있다.

• 누가 뭐래도 나만의 **추구미**를 지킬 거야.

【 나만의 감성, 나만의 기준 】

얼마 전에 한 온라인 사이트에서 "추구미 작성하고 최대 천만 원 받아 가자!"라는 이벤트 광고를 보게 되었다. 그때 처음 알게 됐다. '추구미'라는 말이 단순한 유행어가 아니라, 내가 되고 싶은 모습이나 꿈, 목표를 표현하는 말이라는 것을. 그 순간 문득 이런 생각이 들었다. 내가 진짜 좋아하는 건 뭘까? 나는 어떤 사람이고 싶을까?

요즘 SNS를 보면 사람들이 종종 "오늘 나의 추구미"라며 자신이 좋아하는 스타일이나 장소, 분위기를 공유한다. 처음엔 그저 예쁜 사진을 자랑하는 줄만 알았는데, 알고 보니 '추구미'는 그보다 훨씬 더 깊은 뜻을 담고 있었다. 단순히 "이 옷 예뻐."가 아니라 "이게 바로 나야."라고 말하는 감정, 즉 내가 어떤 걸 좋아하고, 어떻게 나를 표현하고 싶은지를 보여 주는 나만의 기준이었던 것이다.

추구미의 핵심은 정해진 정답이 없다는 데 있다. 누군가 에겐 명품이 멋있어 보일 수 있지만, 어떤 사람에겐 노점에서 우연히 발견한 수공예 목걸이가 더 마음에 들 수 있다. '그게 나답기 때문'이다. 내가 진짜 좋아하는 걸 고르고, 진심으로 표현하는 것. 그게 바로 '추구미'다.

【 얼마나 나답게 살고 있는지를 묻는 말 】

추구미는 단순한 유행어나 취향 표현에 그치지 않는다. 자아 정체성이 형성되는 청소년기에는 "나는 누구인가?"라는 질문을 끊임없이 던지며 자신을 탐색한다. "나는 무엇을 좋아하는가?" "나는 어떤 가치를 추구하는가?" 같은 질문을 스스로에게 던지며 내면의 목소리에 귀 기울이게 되고, 이 과정을 통해 우리는 자신만의 취향과 가치관을 더 분명히 인식하며 '진짜 나'를 발견한다.

이 과정에서 추구미는 단순히 좋아하는 것을 고르는 수준을 넘어 나를 설명하는 언어가 된다. "이건 내 추구미야."라고 말하는 순간 우리는 자신의 감정과 선택을 인정하고, 그 선택을 실현할 수 있다는 믿음을 갖게 된다. 이는 심리학에서 말하는 자기 효능감과 연결된다. 자기 효능감은 선택한 일을 스스로 해낼 수 있다는 내면의 신뢰이며, 이는 곧 건강한 자존감으로 이어질 수 있다. 또한 누군가가 "내 취향은 아니야."라고 말했을 때 "그렇구나. 이건 내 추구미야."라고 자연스럽게 받아들일 수 있다면, 우리는 타인을 이해하고 존중하는 감수성을 가진 셈이다. 추구미는 나를 이해하고 신뢰하는 언어이자 다른 사람의 취향을 존중하는 태도다.

【 추구미가 향하는 곳, 나의 롤 모델 】

"네 롤 모델은 누구야?"

사람들은 이런 질문을 받을 때 단순히 유명하거나 성공한 사람의 이름을 떠올리는 경우가 많다. 하지만 롤 모델이라는 건 단지 '대단한 사람'을 뜻하는 게 아니다. 내가 어떤 사람이고 싶은지, 어떤 태도로 삶을 살아가고 싶은지를 보여 주는 방향 같은 존재다. 그리고 내가 어떤 사람을 롤 모델로 삼느냐에 따라, 내 추구미도 자연스럽게 정해진다.

이런 생각을 더 분명하게 느끼게 해 준 건, 넷플릭스에서 방영한 요리 경연 프로그램 〈흑백요리사〉였다. 이 프로그램은 명성이나 인기 대신, 오직 요리로 승부하는 대결이

추구미

다. 흑수저 계급과 백수저 계급으로 나뉘어 주어진 조건에서 자신의 요리를 선보이는데, 거대한 세트장에서 생존 전략과 심리전이 펼쳐진다.

그 가운데 유독 눈에 띈 인물이 있었다. 바로 에드워드 리 셰프. 미국에서 활동하다 한국 요리 대회에 도전한 그는 낯선 환경과 언어, 체력적 한계를 불평 없이 견디며 오직 요리로 자신을 증명했다. 한국의 식재료를 자신만의 방식으로 해석하고, 매 순간 진심을 담아 요리에 임하는 그의 태도는 정말 인상 깊었다. 특히 다른 경쟁자를 의식하지 않고, 오로지 자기 자신과 싸워 가는 모습에서 사람들은 깊이 감동했고, 그를 응원했다.

그를 보며 나도 이런 사람이 되고 싶다는 생각이 들었다.

누군가에게 인정받으려 애쓰기보다 나의 색깔을 지키며 나만의 길을 걸어가는 사람. 그 순간, 그는 내 롤 모델이 되었고, 동시에 내가 지향하는 추구미가 되었다.

그를 그대로 따라 하고 싶은 건 아니다. 다만, 그처럼 자기만의 방식으로 삶을 꾸려 나가는 사람이 되고 싶다. 남을 의식하기보다 내가 가는 길이 맞는지 스스로 점검하고, 때로는 흔들리더라도 다시 나다운 방식으로 중심을 잡아 가는 삶 말이다.

결국 롤 모델은 내가 닮고 싶은 삶의 모습이고, 추구미는 그 방향을 향해 나답게 걸어가는 태도다. 진짜 멋은 남들이 정한 기준을 따르는 게 아니라, 내가 믿는 가치를 따라 진심으로 살아가는 데서 시작된다.

취향은 '추구미'의 본질을 설명적으로 풀어 주는 단어로, 유행보다 자기 기준에 충실한 삶의 태도를 자연스럽게 전달할 수 있다.

희망, 긍정의 단어

'막장'은 원래 광산에서 사용하던 용어다. 광산 안에서도 가장 깊고 막다른 곳, 더 이상 길이 없어 스스로 길을 뚫어가며 작업해야 하는 끝자락을 말한다. 이곳은 굴이 무너질 위험도 크고 작업 환경도 매우 위험하지만, 생계를 위해 많은 이가 뛰어들어야 했던 장소였다. 이 단어가 일상에서도 쓰이며 도저히 더 나빠질 수 없는 최악의 상황, 끝을 넘어선 상태를 가리키는 말로 자리잡았다.

- 그 드라마 완전 **막장**이야. 출생의 비밀에 불륜까지 다 나와.
- 걔 아까 교실에서 막말하는 거 봤어? 솔직히 **개막장**이야.

【 통쾌함과 위로를 주는 막장 드라마 】

'막장 드라마' '인생 막장' '막장 모드' '막장 중학생' '막장 결말'…. 언어의 조합이란 참 신기하다. '갱도의 끝'을 가리키는 막장이 '엉망'을 표현하는 뜻으로 사용되더니, 언젠가부터 다른 단어들과 조합되어 새로운 용어를 만들어 냈다. 광산과 아무 관련도 없는 다른 단어에 붙어 부자연스러운데도 사람들 사이에서 너무나 자연스럽게 쓰이다니. 특히나 '막장'하면 바로 떠오르는 '막장 드라마'에는 사람들이 쉽게 거부하기 힘든 달콤한 매력이 있다.

사람들은 자극적인 소재에 반응하며, 상황이 말초적이고 강렬하게 설정되어야 재미있다고 느낀다. 그래서 복수하려던 상대가 사실은 친아버지였다든지, 가장 친한 친구와 남편이 바람을 피웠다든지 하는 자극적인 소재에 열광한다. 그런 말도 안 되는 설정을 두고 처음에는 '막장'이라고 욕하며 눈살을 찌푸리면서도, 그 드라마에 빠져든다.

막장 드라마에는 사이다 결말이 공식처럼 따라붙는다.

우리는 이에 대리만족한다. 억울하게 당했던 약자가 강자에게 복수하는 장면에서는 통쾌함을 느끼고 위로받는다. 어쩌면 막장 드라마는 통쾌함을 느끼고 간접적으로나마 위로를 얻을 수 있는 힐링 드라마일지 모른다.

【 지금은 '막장' 같아 보여도 】

요즘 아이들에게는 꿈이 없다. 하고 싶은 게 없고, 뭘 잘하는지도 모르겠단다. 내가 어릴 땐 하고 싶은 게 너무 많아서 오히려 문제였는데 말이다. 변호사, 경찰관, 뉴스 앵커, 심지어 간호 장교도 되고 싶었다. 지금은 정보가 넘쳐나고 선택지도 훨씬 많건만, 어쩌다 아이들은 이렇게 '아무것도 하고 싶지 않은 아이들'이 되었을까?

곰곰이 생각해 보면 아이들 탓만은 아니다. "공무원이 최고야." "대기업 정규직이 안정적이지." 같은, 실패하지 않길 바라는 부모들의 '선의의 말'이 아직 펴 보지도 못한 아이들의 날개를 접게 만들었을 수 있다. 아이들은 점점 '어떤 사람이 되고 싶은지'보다 '어떻게 살아남아야 하는지'만 고민한다. 물질만능주의 속에서 꿈은 '돈 되는 일'로 좁혀

진다. 그러다 보니 자연스레 '내가 진짜 원하는 것'은 사라
진다.

　그래서 수업 시간에 자기가 진짜 하고 싶은 일과 미래에
어떤 사람이 되고 싶은지를 직접 말해 보는 '5분 스피치'를
진행했다. 처음엔 무표정으로 앉아 있던 아이들이 유명하
거나 대단한 사람이 되는 것만이 꿈은 아니라는 걸 눈치채
면서 하나둘 손을 들기 시작했다. 패션 디자이너가 꿈이라
는 아이는 늘 책상 위에 알 없는 큰 안경을 얹어 두고 멋을
부리던 친구였다. 싸고 맛있는 치킨 체인점을 만들어 전 세
계로 진출하겠다는 아이도 있었다. 수업 시간마다 미스트
를 뿌려 대던 친구는 화장품 연구원이 되겠다고 했다. 무기

력해 보이던 아이들 속에도 생각지 못한 꿈들이 자리 잡고 있었다. 그 순간 깨달았다. 아이들에게 꿈이 없는 게 아니라, 그 꿈을 말할 기회가 없었던 것뿐이라는 사실을.

사람들은 학교에서 말 안 듣는 아이, 오토바이 타고 사고 치는 아이, 가출하는 아이를 ‘막장’이라 손가락질한다. 하지만 어쩌면 아무런 꿈도 없이 그저 시간만 흘려보내는 청춘이야말로 ‘막장’이지 않을까?

막장은 광산에서 가장 깊고 어두운, 더 이상 갈 길이 없는 막다른 곳이다. 또한 그곳이 새로운 길을 내야 하는 지점이기도 하다. 그래서 나는 오히려 막장이 에너지가 가장 응축된 곳이라고 생각한다. 지금 당장은 막장 같아 보이는 아이들에게도 분명히 새로운 길이 있을 것이다.

꿈은 단정 짓는 게 아니라 발견하는 것이다. 지금은 무표정한 얼굴로 책상에 앉아 있을지라도, 그 마음 한편엔 언젠가 꺼내 보이고 싶은 꿈 하나쯤은 품고 있을지 모른다. 어른들은 그 아이들이 꿈꾸도록 질문을 던지고, 듣고, 기다려야 한다. 그리고 조용히 말해 줘야 한다.

“너는 어떤 사람이 되고 싶니?”

　'막장'이라는 표현이 너무 자극적이고 부정적으로 느껴질 때는 **최악의 상황**이라는 보다 중립적인 말로 바꿔 말할 수 있고, 너무 비현실적인 상황이나 납득되지 않는 이야기를 할 때는 **이해 불가** 같은 표현도 적절하다. 그리고 무엇보다도, 막장은 끝이 아니라 새로운 시작의 출발점이라는 뜻에서 **반전의 순간**이나 **변화의 문턱**처럼 조금 더 긍정적이고 희망적인 뉘앙스를 담은 표현으로 풀어내는 것도 가능하다.

불편함을 피하는
새로운 관용주의

'싫존주의'는 말 그대로 내가 좋아하는 것이라도 남이 싫어한다면 존중해 준다는 의미다. 내가 좋아하지 않거나 불만을 가지고 있는 것들에 대해서도 당당하게 밝히자는 뜻이기도 하다.

이 단어는 온라인 커뮤니티와 팬덤 문화에서 자연스럽게 확산되었다. 자신이 좋아하는 캐릭터나 아이돌, 작품을 누군가가 깎아내리면 곧바로 싸움이 일어났는데 이를 피곤하게 여기는 사람들이 늘어나면서 싫존주의가 생겨났다.

- 싫어하는 거랑 존중하지 않는 건 별개야.
  우리 반 분위기를 위해서라도 **싫존주의**는 필요해.

【 오이를 싫어하는 사람이 있다고? 】

페이스북 페이지 중에서 '오이를 싫어하는 사람들의 모임'이 화제가 된 적이 있다. 개설 사흘 만에 좋아요 4만 명을 돌파한 이 페이지에는 '오이를 싫어하는 사람들의 선언'이 올라와 있었다.

 **오이를 싫어하는 사람들의 모임**

〈오이를 싫어하는 사람들의 선언〉

우리는 다음과 같은 세상을 원한다.

냉면을 주문할 때 "오이 빼 주세요."라고 말할 필요가 없는 세상

오이 걱정 없이 맘 놓고 편의점 샌드위치를 살 수 있는 세상

김밥 속 오이를 젓가락으로 일일이 빼느라 김밥이 흐트러지는 꼴을 보지 않아도 되는 세상

학교 급식에 오이가 나와 고통받는 청소년과 어린이가 더 이상

없는 세상

오이를 싫어하는 사람도 더불어 함께 살아가는 세상

우리는 서로 결속하고 힘을 모아 위와 같은 세상을 살아가기

위해 함께 투쟁할 것이다.

👍 좋아요   💬 댓글달기   ↗ 공유하기

이 페이스북 페이지가 처음 인기를 끌었을 때, 힐끗 보면서 '오이를 싫어하는 사람이 다 있네?'라고 대수롭지 않게 여겼다. '우리는 서로 결속하고 힘을 모아 위와 같은 세상을 살아가기 위해 함께 투쟁할 것이다'라는, 분위기에 맞지 않는 비장한 멘트를 보며 웃기도 했다. 그런데 얼마 전 친구들과 함께 치킨집에 갔을 때였다. SNS에서 비장하던 그들이 내 앞에 나타났다.

"프라이드 치킨 한 마리랑 골뱅이 소면 하나 주세요."

나는 익숙하게 주문을 마쳤다. 그러자 옆에 앉은 친구가 갑자기 직원에게 덧붙였다.

"아, 골뱅이 소면에 오이 빼 주세요." 나는 잠깐 놀라서 물었다. "너 오이 못 먹어?" 친구는 조금도 망설이지 않고

대답했다. "어! 나 오이 진짜 싫어해. 냄새만 맡아도 토할 것 같아. 완전 극혐이야." 그 말을 듣자 맞은편에 앉은 친구가 갑자기 벌떡 일어나더니 "야, 너도 오이 싫어해? 나도!"라며 하이파이브를 날렸다. 그러고는 아주 자랑스럽게 말했다. "나 '오이를 싫어하는 사람들의 모임', 오싫모에도 가입했잖아!" 순식간에 이 만남은 '오이를 싫어하는 사람들의 모임'으로 바뀌어 버렸다.

나는 조심스럽게 말했다.

"아니, 오이가 왜? 완전 아삭하고 맛있는데?"

그러자 친구가 웃으며 말했다.

"너 같은 사람을 우리는 '오이 기득권자'라고 불러."

"어렸을 때도 안 먹었어?"

"그럼. 안 먹는다고 엄마한테 얼마나 혼났는데. 애도 아니고 왜 편식하냐면서."

다른 친구도 거들었다.

"맞아. 오이만 보면 냄새 때문에 토할 것 같아서 진짜 못 먹겠거든. 근데 오이 못 먹는다고 말하면 꼭 이상하게 보는 사람들 있잖아. '그깟 오이 하나 못 먹어?' 이런 시선. 사실 그게 더 억울했어. 근데 오늘 여기서 동지를 만날 줄이야!"

그때 또 다른 친구가 천천히 말했다. "나는 음식점에서

군이 '오이 빼 주세요'라고 말하지 않아도 되는 세상이 왔으면 좋겠어. 그냥 다 알아서 물어봐 주는 세상. '오이 넣을까요, 말까요?' 이렇게."

【 적당한 거리 두기, 진짜 존중의 시작 】

오이를 싫어하는 사람 중에는 한때 '오이 싫어'라는 문구가 적힌 티셔츠를 입고 다니던 이들도 있었다고 한다. 왜 그렇게까지 했냐고? 오이를 왜 못 먹는지, 왜 싫어하는지 자꾸 캐묻는 게 너무 귀찮고 불편했기 때문이다. 생각해 보면 우리는 자란 환경도, 경험도, 살아온 방식도 서로 다르니 좋아하는 것과 싫어하는 것이 다를 수밖에 없다.

상대의 취향을 가볍게 깎아내리는 말이 아무렇지 않게 나올 때 '싫존주의'가 필요하다. "나는 클래식은 잘 몰라. 솔직히 별로 좋아하지도 않지만, 네가 좋다니까 인정!" 이렇게만 말해도 불필요한 갈등이 줄어든다. 오히려 서로 다른 취향을 인정해 주다 보면 새로운 취향을 발견하는 재미도 생긴다.

싫존주의는 서로 강요하지도 않고, 비꼬지도 않고, 깎아내리지도 않고, 그냥 "아, 너는 그렇구나." 하고 있는 그대로 인정해 주는 마음에서 시작된다. "나는 좋지만, 너는 싫을 수도 있겠다." "나는 이해가 잘 안 되지만, 네가 좋아하니까 됐지, 뭐." 이렇게 적당한 거리 두기를 하는 태도, 그게 진짜 존중의 시작이다. 서로의 차이를 자연스럽게 인정하는 마음이 있다면 우리는 서로 더 가까워질 수 있을 거다. 어쩌면 취향의 차이를 가볍게 받아들이는 사회가 진정으로 따뜻한 사회 아닐까?

【 싫존주의를 실천하는 방법 】

세상에는 두 종류의 사람이 있다. 민트 초코 아이스크림을 사랑하는 사람과 치약 맛이라고 말하는 사람. 사실 아이스크림뿐일까? 당근, 버섯, 가지(아직도 '못', 아니 '안' 먹는다), 치즈(밥 위에 올려 먹는 친구들이 신기했는데 우리 집에 그런 애가 산다), 파인애플 피자(도대체 왜 멀쩡한 피자에 파인애플을!) 등 사람들이 좋아하는 것과 싫어하는 것은 끝도 없이 다양하다. 따라서 우리는 싫존주의를 실천하기 위해 무던히 노력해야 한다.

싫존주의

이를 위한 첫 번째 단계는 다름 인정하기다. 내가 생각하는 이상적이고 좋은 모습이 반드시 남에게 좋을 수는 없다. 싫어하는 것도 마찬가지다. 살아온 환경 자체가 다르기 때문에 좋고 싫음에 차이가 있을 수밖에 없다. 모든 사람이 나와 같지 않다고 생각하는 게 첫 번째다.

두 번째 단계는 상대방의 취향을 경청하고 억지로 권하지 않기다. '그냥' 싫은 경우도 있지만, 대부분은 싫고 좋음에 대한 자신의 생각이나 취향이 분명 존재한다. 그렇기 때문에 "야, 한 입만 먹어 봐. 진짜 맛있어." "계속 보다 보면 익숙해질걸?" 하며 억지로 권하는 것은 상대방에게 부담이 된다. 호의를 담아 권할 수도 있지만 상대가 거절할 때는 "그럼 다음 기회에!"라고 웃으며 쿨하게 넘어가는 센스가 필요하다. 억지로 권하지 않는 것은 싫존주의를 대하는 진짜 태도다.

세 번째 단계는 판단하지 않기다. 자신이 생각하는 대로 행동하지 않는다고 해서 "이상한 취향이네."라든지, "야, 그게 얼마나 맛있는데." "그건 진짜 별로지 않냐?"라고 결론 내리지 않아야 한다. 역지사지의 마음으로 내가 싫어하는 것을 떠올리면서 사람마다 다른 취향을 가지고 있다고 생각하면 쉽다.

네 번째 단계는 공감을 표현하기다. "나는 오이를 좋아하지만, 네가 오이를 싫어하니까 다음번에 김밥 시킬 때는 내가 기억하고 오이 빼 달라고 할게."라든지 "네가 오이를 싫어하는 것처럼 나도 당근을 싫어해. 취향은 다 다른 거니까 상관없지."라고 말해 보는 것이다.

〔 "싫어요!"도 존중하는 사회 〕

우리는 보통 누군가의 취향을 말할 때 "오, 그거 좋아해?" "나도 그거 완전 좋아해!"처럼 '좋아요'로 시작하는 대화를 더 많이 나눈다. 취향이 같다는 건 서로를 가깝게 만들어 준다. 그런데 가끔 "나 그거 별로야." "그건 진짜 싫어."라고 말하는 순간 갑자기 분위기가 어색해질 때가 있다. 괜히 내가 틀린 사람이라도 된 것 같고, 남들과 다른 게 문제라도 되는 듯 느껴진다. 그래서 '싫어요'를 말하지 않고 삼키는 사람도 많다.

'좋아요!'만이 정답이 아닌 세상. '싫어요!'도 당당하게 말할 수 있고 누군가의 '싫어요!' 역시 가볍게 받아들일 수 있는 사회. 오늘부터 싫어도 존중하는 싫존주의를 실천해 보는 것은 어떨까?

관용은 '싫어도 참아야 해'라는 수동적인 인내가 아니라 타인의 존재를 인정하고 불편함 속에서도 함께 살아갈 방법을 고민하는 능동적 태도를 표현할 수 있는 말이다.

2장

뱉을 때는 달되만 들으면 쓴

무심코 쓰는 말의 민낯

개들은 부모와 자식, 형제자매를 가리지 않고 아무 때나 교미하는 습성이 있다. 이를 본 사람들이 도덕관념이 없고 상스러운 생명체를 개새끼라 부르게 되었다는 설이 있다.

계백 장군이 신라군에 패하여 백제가 멸망하자, 백제 31대 의자왕이 만나는 사람마다 장차 나라를 다시 일으키는 사람이 되라는 뜻으로 그들을 '개세기(開世機)'라 불렀는데, 신라 쪽에서 비하하는 말로 '개새끼'라 바꾸어 불렀다는 설도 있다.

- **개새끼**야, 꺼져.

【 귀여운 강아지가 욕이 된 이유 】

"선생님, 왜 욕 중에는 소새끼, 말새끼는 없고 '개새끼'만 있어요?"

수업 시간에 한 학생이 던진 이 질문에 다른 아이들이 잠시 어리둥절한 표정을 지었다. 나는 천천히 말을 꺼냈다. "원시 시대부터 인간은 근친상간을 엄격하게 금지했어. 가축 대부분은 사람처럼 짝짓기 규칙이 있지만, 개는 예외적인 모습을 보였다고 해." 말하자면 '개새끼'라는 욕은 도덕적 기준을 벗어난 존재에 대한 인간의 경계심과 혐오를 언어로 표현한 결과인 셈이다.

문제는 이 말이 단순히 화를 표출하는 욕설이 아니라는 데 있다. 특히 '개새끼'는 상대를 모욕할 뿐만 아니라 상대방의 어머니까지도 비하하는 느낌을 준다. 여성 혐오와 더불어 가족 전체를 모욕하는 심각한 언어폭력인 것이다.

이 말은 예능 방송, 인터넷 커뮤니티, 친구들끼리의 장난에서도 가볍게 쓰인다. 단어 그대로는 아니지만 귀엽게 그

려진 개 이미지나 이모티콘에 새끼라는 글자를 함께 써서 웃음을 유발하는 말장난처럼 포장되기도 한다. 하지만 그 안에 담긴 의미는 결코 가볍지 않다. 여성 혐오, 성적 조롱, 가족 비하 등 다양한 문제를 안고 있는 단어가 아무렇지 않게 사용될 때, 누군가에게 진짜 상처가 될 수 있다.

【 그 말, 진짜 내가 하고 싶은 말일까? 】

"야, 이 개새끼야."

학교 복도에서, 친구들끼리 농담할 때, 혹은 게임하다 열 받을 때 흔히 들을 수 있는 말. 처음에는 웃기거나 분위기를 맞추려 툭 던졌을 수도 있다. 하지만 자주 쓰다 보면 어느새 입에 착 붙는다. 친구들도 그냥 웃고 넘어가니까 점점 더 쉽게 내뱉게 된다.

그런데 이 말을 곰곰이 들여다보면 단순히 감정을 푸는 것이 아니라 자기 자신을 지키기 위해 쓰는 말이라는 생각이 든다. 실제로 한국교육개발원에서 청소년을 대상으로 진행한 욕설 사용 실태 조사에서 "욕을 왜 하나요?"라는 질문에 많은 학생이 "다른 사람한테 만만해 보이기 싫어서."

라고 답했다.

　요즘 학생들은 자존감이 흔들릴 만한 상황을 자주 겪는다. 시험 점수, 외모, 친구 관계, 부모님의 기대 등 여러 요인이 겹치면서 '나는 뭔가 부족한 것 같다' '남들에게 지고 싶지 않다'와 같은 마음이 쌓인다. 그러다 보니 상대가 나를 무시하지 않도록 먼저 거친 말을 내뱉는다. '개새끼'라는 말에 담긴 건 분노가 아닌 불안일 수 있다.

　그런데 욕은 습관이 되면 끊기 어렵다. 한 학생이 나에게 "나쁜 말인 줄 알면서도 입에 붙어서 잘 떨어지지 않아요."라고 털어놓은 적도 있다. 실제로 '개새끼' 같은 말이 입에 붙으면 말투뿐 아니라 행동이나 생각까지 변할 수 있다. 결국 욕이 우리의 사고방식과 태도까지 바꾸는 것이다.

우리가 진짜 배워야 하는 건 감정을 다스리는 기술이다. "짜증 나." "섭섭했어."라고 솔직하게 말할 수 있어야 한다. 말은 내가 어떤 사람이고 어떤 관계를 바라는지를 보여 주는 언어다. 센 말이 아니라 센스 있는 말. 이제는 '개새끼' 대신 내가 진짜 하고 싶은 말을 찾을 차례다.

누군가에게 화가 나고 실망을 느낄 때 **금쪽이**라는 단어를 써 보자. 금쪽이는 소중하다는 뜻이 있으므로 "진짜 개새끼네." 대신 "진짜 금쪽이네." "금쪽이 왜 또 저래."라고 말하다 보면 부정적인 감정을 상쇄할 수 있을 것이다. 또 **예의가 없다**처럼 구체적이고 점잖은 표현으로 감정을 전달해 볼 수 있고, 귀여운 **백구**로 대체해서 감정을 좀 더 가라앉힐 수 있다.

정확한 어원은 존재하지 않지만 여러 설이 있다. 조선 시대 남사당패가 사용하던 은어에서 유래했다는 설이 있다. 여기서 '엿'은 여성의 성기를 비유하는 말이었고, 여자에게 잘못 걸려 혼쭐이 나라는 의미로 사용되었다고 전해진다.

이외에도 죽은 사람을 염하는 절차와 연관 지어 '염 먹어라'가 '엿 먹어라'로 바뀌었다는 이야기가 있지만, 이 역시 정확하지는 않다.

- 걔 나 엿 **먹이고도** 사과 안 하더라.
- 시험 너무 어렵지 않았어? 공부 열심히 한 우리 **엿 먹으라는** 거야 뭐야?

【 어머니들의 교육열로 만들어진 단어 】

1964년 12월, 서울 지역 중학교 입학시험에 다음과 같은
문제가 출제되었다.

다음은 엿을 만드는 순서를 차례로 적어 놓은 것이다.

① 찹쌀 1킬로그램가량을 물에 불린다.

② 이것을 쪄서 밥을 만든다.

③ 이 밥에 물 3리터와 엿기름 160그램을 넣고 잘 섞은

　다음에 60도의 온도로 5~6시간 둔다.

④ 이것을 엉성한 삼베 주머니로 짠다.

⑤ 짜낸 국물을 조린다.

위 ③에서 엿기름 대신 넣어도 좋은 것은 무엇인가?

① 디아스타아제　② 무즙　③ 꿀　④ 녹말

이 문제의 정답은 디아스타아제였다. 그런데 무즙을 답으로 적은 학생이 많았다. 당시 교과서에는 침과 무즙에도 디아스타아제가 들어 있다고 나왔기 때문이다. 그러나 서울시교육청은 '무즙은 오답'이라는 입장을 고수했다. 말로는 통하지 않자 학부모들은 행동에 나섰다. 국립과학연구소에 무즙으로 엿을 만들 수 있는지 검증을 의뢰했고, 무로 엿을 만들어 교육청 앞에 발랐다. 그리고 외쳤다.

"엿 먹어라! 이게 무로 곤 엿이다!"

학부모들의 집요한 투쟁은 결국 법정으로까지 이어졌고, 법원은 "디아스타아제도 맞고, 무즙도 맞다."라는 판결을 내렸다. 무즙을 정답으로 썼다가 탈락한 39명의 학생은 '전학 형식'으로 정원 외 입학이 허용되었다. 시험 하나로 울고 웃었던 학생과 부모들의 싸움은 그렇게 마무리되었다.

이 사건 이후, '엿 먹어라'라는 표현은 단순한 욕이 아닌 억울함과 분노를 대변하는 말로 자리 잡았다. 그냥 툭 던지는 말 같지만 그 안에는 뒤엎고 싶은 현실, 싸워야 할 부조리에 대한 저항, 참아 온 속마음이 담겨 있다. 말 한마디로 세상이 바뀌지 않는다는 걸 알면서도 우리는 외친다.

"엿 먹어라!"

【 복을 가득 담아 드립니다 】

예전에는 중요한 시험을 앞둔 수험생에게 엿을 선물하는 풍경이 흔했다. 엿의 *끈끈한 성질*처럼 딱 붙으라는 뜻이 담겨 있었기 때문이다. 하지만 요즘은 그런 모습을 거의 볼 수 없다. 예전에는 "이 엿 먹고 시험 잘 봐. 꼭 붙어!"라는 말이 응원으로 통했지만, 지금 그런 말을 했다간 수능 끝나고 다시는 연락이 안 올지도 모른다. 요즘은 선물도 사탕이나 초콜릿처럼 예쁘고 세련된 간식이 대세라서, 엿은 왠지 촌스럽고 옛날 느낌이 나는 간식처럼 여겨진다. 게다가 '엿 먹어라'처럼 부정적인 표현으로 더 자주 쓰이면서 과거의 따뜻한 의미는 점점 잊히고 있다.

엿은 원래 단순한 간식이 아니었다. 옛날 시골에서는 한겨울에 먼 길 오는 손님에게 대접하는 제일 좋은 간식이었다. 찹쌀을 삭히고 조려 내는 그 수고로움이 엿 한 덩이에 담겨 있었다. 시집가는 딸의 이바지 음식에도 정성껏 만든 엿을 꼭 챙겨 넣었다. "복 많이 받으세요."라는 마음이 엿 한 조각에 담겨 있던 셈이다.

한때는 복과 정성을 상징하던 엿. 지금은 누군가를 비꼬거나 조롱하는 표현으로 더 익숙하지만 그 안에 담긴 진심까지 잊히진 않았으면 좋겠다. 누군가를 위해 마음을 담아 엿 한 조각 건네던 따뜻함은 여전히 유효하다고 믿고 싶다.

【 나를 다잡는 주문이 될 수도 있지만 】

오래전에 방영된 드라마 〈천일의 약속〉에는 알츠하이머 진단을 받은 주인공이 거울을 보며 "엿 먹어라, 알츠하이머!"라고 외치는 장면이 나온다. 절망 앞에서 무너지기보다는 오히려 이를 악물고 맞서 싸우겠다는 의지가 느껴지는 대사였다. 그 한마디에는 분노, 다짐, 투지가 오롯이 담겨 있었다. 그 순간 이 말이 누군가를 비난하는 욕이 아니라 스스로를 지키기 위한 강한 주문처럼 들렸다.

하지만 이 말은 어디까지나 혼잣말일 때, 나에게 들려주는 다짐이자 나를 추슬러 세우는 말일 때만 효과가 있다. 다른 사람에게 직접 던지면 문제가 생긴다. 상황과 맥락에 따라 농담처럼 한마디 했다고 생각해도 듣는 사람은 전혀 다르게 받아들일 수 있다. 웃기려고 했던 말이 상대에게는 상처가 되기도 한다.

요즘 학생들 사이에서도 "엿 먹어!"라는 말을 장난처럼

주고받거나, 같은 의미로 가운뎃손가락을 들어 올리는 모습을 종종 본다. 마치 엄지를 들어 올리며 "최고야!"라고 하는 것처럼 대수롭지 않게 여겨지기도 한다. 하지만 이 제스처는 상대에게 모욕을 주기 위한 상징이며 서양에서는 최악의 욕으로 여겨진다.

결국 '엿 먹어라'는 맥락이 전부다. 나 자신을 다잡기 위한 혼잣말로는 유용할 수 있다. 하지만 다른 사람과의 관계에서 말하는 것은 지양해야 한다.

맛 좀 봐라는 감정은 살리되 직접적인 욕설 없이 경고의 느낌을 표현할 수 있는 말이다. 상대가 한 행동에 대해 "그에 따른 대가를 치르게 될 거야."라는 의미를 담고 있어, 말의 강도는 유지하면서도 과도한 비속어 느낌은 피할 수 있다. 반면에 **실망이야**는 한층 더 절제된 표현이다. 직접적인 욕이나 비난 대신 상대의 행동이나 말에 도덕적으로 선을 긋고 감정의 거리감을 분명히 보여 준다. 이 말은 특히 가까운 사이일수록 더 효과가 크다. 단순한 분노보다 "너에게 기대했는데 그런 행동을 해서 속상하다."라는 진솔한 감정을 전할 수 있기 때문이다.

우리는 멀쩡한 사람을
이렇게 만든다

어원

사회성이 부족하거나 말투나 행동이 어색하고 무능력해 보이는 사람을 낮잡아 부르는 비속어다. 학교나 또래 집단 내에서의 따돌림 대상, 혹은 사회적 기준에서 벗어난 사람을 조롱하는 말이기도 하다. 본래는 '다리에 장애가 있어 온전치 못한 사람'이라는 뜻이다. 6·25 전쟁이 끝난 뒤 지뢰를 밟고 다리가 절단된 사람이 많았는데, 지뢰를 밟은 멍청이라는 의미로 '찐따'라는 말을 쓰기 시작했다고 한다.

예문

• 쟤는 말하는 것도 이상하고 옷도 촌스러워. 완전 **찐따** 같아.
• 난 **찐따**라서 발표하라면 심장 터질 것 같아.

【 찐따라는 프레임 】

‘찐따’라는 말의 뜻을 정확히 생각해 볼 기회는 많지 않다. 대부분 어딘가 행동이나 말이 어색하고 서툰 사람을 놀릴 때 농담조로 가볍게 쓰인다.

“야, 너 찐따 같아.”

친구들 사이에서는 장난처럼 툭 던지는 말이지만 그 속엔 놀림이 뒤섞여 있다. 겉으로는 가볍게 들려도 듣는 사람의 마음에는 콕 찌르는 감정이 남을 수 있다.

‘찐따’는 단순한 농담이 아니다. 말투가 어눌하거나, 유행하는 옷을 입지 않거나, 조용하고 낯을 가리는 사람처럼 다수의 기준에서 벗어난 사람에게 쉽게 붙는 말이다. 사람들과 어울리지 못하거나 눈에 띄지 않는다고 특별한 잘못도 없는 사람을 이상한 사람으로 만들고 소외시키는 방식이다. 그래서 이 말은 한 사람에 대한 묘사가 아니라 그 사람을 무시해도 된다는 신호처럼 작용할 수 있다.

‘찐따’라는 한마디는 누군가를 웃음거리로 만들고, 그 사

람의 자존감을 조금씩 무너뜨릴 수 있다. 의미 없이 던진 말 한마디가 누군가에겐 오래도록 남는 상처가 될 수 있다는 사실을 잊지 말아야 한다.

찐따 >> 1. 아웃사이더(아싸)
2. 조용한 친구

아웃사이더(아싸)는 '찐따'처럼 노골적인 모욕이 아니라 자기 위치를 설명하는 중립적 표현으로 쓰일 수 있다. 하지만 장난처럼 과도하게 쓰이거나 그룹 밖 사람을 소외시키는 맥락에서 사용하다 보면 오히려 또 다른 낙인으로 작용할 수 있다. **조용한 친구**는 말수가 적거나 내성적인 사람을 존중하며 가리키는 것으로 모욕이나 판단 없이 사람의 성격을 객관적으로 설명할 수 있다.

누구나 할 수 있는 자연스러운 행위

'지랄'은 조선 후기 중국어 단어집인 『역어유해』(1690)에 나오는 '딜알'이라는 말에서 유래했다. 당시 '딜알'은 뇌전증의 발작 증상을 가리키는 말로, 눈을 뒤집고 입에 거품을 물며 온몸을 떨거나 날뛰는 모습을 묘사한 단어였다. 이것이 시간이 흐르며 음운이 변화하고 구어적으로 확산되면서 지금의 '지랄'이라는 말로 굳어졌다.

현대에는 이 말이 본래 의미에서 멀어져 사리 분별을 하지 못하고 난폭하거나 과장되게 행동하는 사람을 비하할 때 쓰이게 되었다. 즉, 정상적인 상황에서 도가 지나치게 과장되거나 이해할 수 없는 언행을 할 때, 그 모습을 뇌전증 발작에 빗댄 것이다.

• 걔는 매번 혼자 **지랄하더니** 결국 또 분위기 싸하게 만드네.

【 멍석을 깔면 얌전해진다 】

수업할 때 필기할 내용이 있어서 칠판에 글씨를 쓰다 보면 꼭 뒤에서 시시덕거리며 장난치는 녀석들이 있다. 몸 개그를 섞어 가며 노래를 부른다든지 개그맨 흉내를 낸다든지 하는 거다. 이런 행동들은 보통 선생님의 관심을 끌려고 일부러 하는 경우가 많으니 백발백중 눈에 띄게 마련이다. 때와 장소를 구분하지 못한 채 웃고 즐기자고 하는 행동이 선을 넘으면 그때부터는 장난이 아니게 된다.

그럴 때면 나는 멍석을 깔아 준다. "야, 그렇게 재밌으면 앞으로 나와서 한번 해 봐. 같이 좀 웃자." 이렇게 말하면 방금까지 교실 뒤편에서 자유롭게 자신의 뜻을 펼치던 학생이 갑자기 어색한 웃음을 지으며 눈을 피한다. 그래, 내가 노린 게 바로 이거다.

아무 간섭받지 않고 놀고 있을 때 멍석을 깔아 준다면 자유로운 영혼을 발현하던 '놀이'가 바로 누군가의 지시에 따라 해야만 하는 '일'이 된다. 본래 하려던 일도 누가 시키면

하고 싶은 마음이 싹 사라지는 것이 사람의 심리다. 평소에는 시키지 않아도 곧잘 하던 놀이가 외부의 간섭이 개입되는 순간 내키지 않게 된다.

그러므로 수업 시간에 학생들이 오디션장인지 교실인지 구분하지 못할 때는 멍석을 깔아 주면 된다. 백 마디 잔소리보다 한 번의 멍석 깔기가 훨씬 따끔하고 효과적인 해결책이 될 수 있다.

【 누구나 하는 자연스러운 행동 】

김두식 교수가 쓴 『불편해도 괜찮아』라는 책에 '지랄 총량의 법칙'이라는 말이 나온다. 누구나 일평생 써야 하는 지랄의 '총량'이 정해져 있다는 뜻이다.

사춘기 시절에 부모님에게 총량을 다 쓰는 사람도 있고, 젊은 시절에는 멀쩡하게 잘 지내다가 노년에 몰아서 쓰는 사람도 있고, 일생에 걸쳐 틈틈이 소모하는 사람도 있는데, 어쨌든 사람마다 주어지는 총량은 비슷하며 죽기 전까지 반드시 그 양을 다 쓰게 되어 있다는 것이다.

이 법칙에 따르면 지랄은 크게 문제가 되지 않는다. 누구

나 하는 자연스러운 행동이기 때문이다. 지금이 지나면 다음은 평온해진다는 걸 알기에, 받아 주는 사람도 조금은 여유로울 수 있다. 반대로 아직까지 말썽 한번 부리지 않았다면 마음의 준비가 필요하다. 언제 예상치 못한 행동을 시작할지 모르니까 말이다.

지랄

1. 오버하지 마

2. 너무 감정적이야

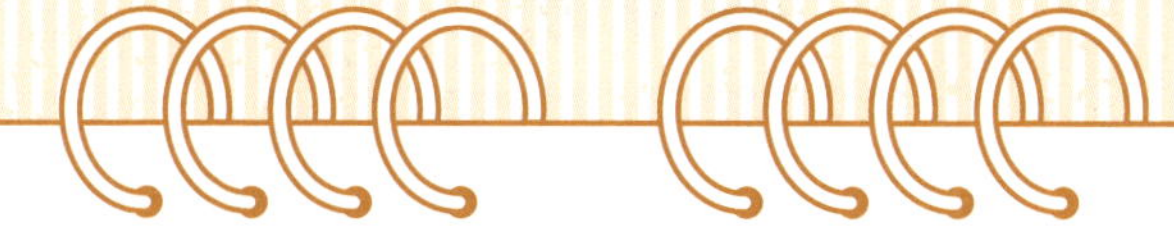

오버하지 마는 상대가 상황에 비해 너무 과장되게 반응할 때 쓴다. 분위기를 싸하게 만들지 않으면서도 할 말은 하는 느낌이다. 친구 사이에서는 농담처럼 들리기도 해 상대의 기분을 크게 상하게 하지 않을 수 있다. 너무 감정적이야는 이보다는 더 차분한 표현이다. 상대가 감정에 치우쳐 말하거나 행동할 때, 이 말 한마디로 스스로 돌아보게 만들 수 있다. 직접적으로 비난하지 않으면서도 조심스럽게 선을 그을 수 있다.

다른 것으로 포장하기 힘들다

'씨발'의 어원은 '씹할'에서 유래한 것으로 알려져 있다. 여기서 '씹'은 여성의 성기를 지칭하는 속어이며, '씹하다'는 성교를 의미한다. 그러나 이 표현은 애정이 담긴 관계에서가 아니라 비정상적이거나 강제적인 상황에서의 관계, 또는 상대를 비하하는 의미로 사용되어 왔다.

여진족의 풍습을 두고 비하하며 이 말을 썼다는 주장도 있다. 여진족은 아이를 낳은 뒤 남자가 마을을 떠나는 풍습이 있었는데, 여자가 홀로 아이를 키우는 것을 보고 근친상간을 암시하며 조롱의 뜻으로 이 말을 썼다는 것이다. 요약하자면, '씨발'은 여성을 낮잡아 조롱하는 성차별적 의미를 담은 욕설에서 비롯된 단어다.

- 아, **씨발** 또 졌어. 진짜 열 받네.

【 감정 표현일까, 무감각한 습관일까 】

기분이 좋아도 "씨발", 나빠도 "씨발". 요즘 아이들 사이에서 이 말은 아무 때나 튀어나온다. 놀라거나 짜증 날 때는 물론이고, 장난을 치거나 그냥 우스울 때도 등장한다. 욕이라기보다 감탄사나 인사처럼 쓰이는 셈이다. 2023년 새전북신문에서 청소년 언어문화를 조사한 바에 따르면, 아이들이 욕을 처음 배우는 시기는 대부분 초등학교 때이며 SNS에서 가장 많이 사용한다고 한다. 그중에서도 아이들이 가장 자주 쓰는 말이 바로 '씨발'이다.

한번은 수업 시간에 김춘수의 시 「꽃」을 욕으로 패러디한 시를 함께 읽은 적이 있다. "내가 너의 이름을 졸라게 불러 주었을 때, 너는 시발 나에게로 와서, 족같은 꽃이 되었다." 처음엔 아이들도 웃었다. 익숙한 시에 비속어가 섞이니 웃음이 터지는 건 자연스러운 반응이다. 그런데 몇 줄 더 읽으니 아이들의 표정에 낯선 불편함이 스쳤다. 단어 하나에 담긴 분위기와 감정, 그리고 그 단어가 글의 분위기를 어떻게 바꾸는지 직접 체감한 것이다.

'씨발'이라는 말은 때때로 우리의 일상에서 억눌린 감정을 터뜨리는 도구가 되기도 한다. 심리학적으로도 욕설은 카타르시스의 기능을 한다고 본다. 사회가 감정을 참으라고 요구할수록 사람들은 더 강한 말로 감정을 표현하려 한다. 노래 가사 속 욕 한마디가 유독 통쾌하게 들리는 이유도 그 때문이다. 감정을 터뜨릴 수 있는 안전한 틀 안에서 잠시나마 해방감을 느낀다.

【 말이 만든 세계, 우리가 다시 만들어야 할 언어 】

문제는 이 단어가 가진 사회적 맥락이다. '씨발'은 단순히 격한 감정을 표현하는 말이 아니라 여성의 성기를 비하하는 의미에서 비롯된 말로, 성차별적인 뜻을 담고 있는 욕설이다. 사회학자들은 이렇게 반복적으로 사용되는 말 한마디가 권력을 행사하고, 여성 혐오 등의 문제를 정당화할 수 있다고 말한다. 그런 점에서 이 말은 결코 가볍게 쓰일 수 있는 표현이 아니다.

한 학생은 비속어 수업 중 이 욕을 두고 이렇게 말했다.

"원래는 매우 모욕적인 말인데, 지금은 숨 쉬는 것만큼이나 익숙해서 아무렇지 않게 느껴진다." 너무 자주 듣고 따라 하다 보니 그 안의 의미는 흐려졌고, 그 무게조차 인식되지 않은 채 일상에 섞여 버린 것이다. 하지만 또 다른 학생은 어원을 알고 난 이후 다시는 이 말을 쓰지 않겠다고 다짐했다. 바로 이 차이가 중요하다. 말의 무게를 아는 순간 언어를 대하는 태도가 달라진다.

그렇다면 우리는 이 말을 금지해야 할까, 아니면 그대로 두어야 할까? 중요한 건 금지 여부가 아니라 '내가 지금 무엇을 말하고 싶은 걸까?' '이 말을 들은 사람은 어떤 감정을 느낄까?'를 스스로 묻는 일이다. 감정을 표현할 수 있는 다양한 단어들을 함께 배우고 익힌다면 '씨발' 하나로 덮여 있던 감정의 결을 더 섬세하게 드러낼 수 있다. 이 말이 입에 맴돈다면 나의 감정을 다르게 표현할 수 있는지 생각해 보는 것도 좋다.

【 친하니까 욕해도 괜찮다고? 】

한 학생의 전화기가 울렸다. 화면에는 '씨발년'이라는 이름이 떴다. 그 순간 '대체 무슨 사이야?' 싶었지만 학생은 아무렇지 않게 전화를 받았다. 웃으며 농담을 주고받고 가볍게 통화를 마쳤다. 욕이 떠 있어서 사이가 나쁜 친구인가 했는데, 알고 보니 둘도 없는 단짝이었다. 더 놀라운 건 두 사람 모두 남학생이었다.

왜 남학생이 남학생을 '씨발년'이라 부를까? 문법적으로도 어색하고 말이 되지 않는 표현이다. 남자니까 '씨발놈'이 더 적절하다. 이유를 물어보면 이런 대답이 돌아온다.

"남자한테 놈이라고 하면 별 느낌이 없어요. 년이라고 해야 진짜 욕 같잖아요."

이 말에는 우리 사회에 깔린 언어의 위계가 담겨 있다.

남자에게 여성을 비하하는 '년'이라고 부르는 것이 더 큰 모욕이 되는 사회. 남성은 힘과 권위를 가진 존재로, 여성은 그보다 낮은 위치로 인식되는 것이다.

이런 언어 습관은 사실 장난처럼 시작된다. 친한 친구일수록 더 거친 욕을 주고받는 경우가 많다. "야, 이 씨발년아."는 "너 진짜 웃기다."라는 의미로 쓰이기도 한다. 친하니까 괜찮다는 일종의 허용인 셈이다. 특히 남학생들은 '사랑해' '고마워' '네 덕분이야' 같은 직접적인 표현을 어색하고 촌스럽게 느끼기도 한다. 그래서 감정을 그대로 말하기보다 욕처럼 센 말로 숨기려는 경향이 있다.

하지만 그 말속에 담긴 뜻까지 가볍게 흘려보내도 될까? 말은 습관이 되고, 습관은 결국 생각과 태도를 만든다. 아무렇지 않게 웃으며 쓰는 그 말 한마디가 누군가를 낮추고 차별을 당연하게 만드는 기제가 된다면 그 말은 결코 가볍지 않다.

신발은 발음이 유사하지만 전혀 다른 의미를 지닌 일상어로, 성적인 느낌 없이 감정을 표현할 수 있어 가볍게 웃으며 대체하기 좋다. 특히 입에 붙은 표현이라 '씨발'이 입에서 잘 떨어지지 않는다는 학생들은 비슷하지만 의미가 전혀 다른 대체어를 사용하면서 말하는 습관을 고쳐 볼 수 있다. **헐**은 놀람, 당황, 기쁨, 짜증 등 다양한 감정에 쓰이는 감탄사로, 여러 상황에서 맥락적 대체가 가능한 단어다. 상황에 맞게 감정의 결을 살리되 불쾌감 없이 대화의 맥락을 유지할 수 있다.

어원

'또라이'는 누군가의 행동 혹은 사고방식이 일반적이지 않거나 상식 밖일 때 사용하는 속어다. 이 단어의 어원에는 두 가지 설이 있다.

첫 번째는 '돌'과 '아이'의 합성어로 보는 견해다. 여기서 '돌'은 돌머리, 즉 말이 통하지 않을 정도로 답답하거나 무식한 상태를 뜻한다. '답답한 사람' 또는 '제대로 이해하지 못하는 사람'을 비하하는 표현으로 시작되었다는 해석인 것이다.

두 번째는 '또라이'가 정신이 온전하지 않은 상태를 뜻하는 속어 '돌았다'에 '아이'를 더해 '돌-아이'에서 '도라이'로, 나중에는 '또라이'로 변했다는 설이다. 이 경우에는 정서적으로 비정상인 상태, 즉 광기나 엉뚱함, 괴짜 같음을 강조하는 의미가 강하다.

예문

- 쟤 좀 **또라이** 같지 않아? 길에서 혼자 갑자기 춤췄어.

【 남다른 사람들 】

"쟤 또라이 아냐?"

우리는 이 말을 종종 조롱과 멸시의 뉘앙스로 사용한다. 상식에서 벗어난 행동, 남들과 다른 사고방식, 그 모든 것을 '또라이'라는 말로 낙인찍기 일쑤다. 하지만 가만히 들여다보면 이 말에는 단순히 비난만 담겨 있지 않다. "왜 저래?"라는 경계심과 동시에 "나는 저렇게 못 하는데 저걸 하네."라는 묘한 놀라움이 스며 있다. 사회가 정해 놓은 흐름에서 벗어난 사람들, 또라이. 때로는 그들이 세상을 바꾸기도 한다.

역사를 보더라도 사회가 또라이라고 손가락질했던 사람 중 많은 이가 결국엔 '천재'로 기억되었다. 그 대표적인 인물이 갈릴레오 갈릴레이다. 17세기 초, 사람들은 지구가 우주의 중심이라 믿는 천동설을 의심하지 않았다. 교회도 이를 절대적인 진리로 여겼다. 하지만 갈릴레오는 지구가 태양 주위를 돈다는 지동설을 주장했다. 그의 말은 단지 학문

또라이

적 주장이 아니라 종교의 권위에 대한 도전으로 받아들여 졌다. 결국 그는 종교 재판에서 유죄 판결을 받았는데, 재 판장을 나가면서도 "그래도 지구는 돈다."라고 말했다. 갈릴 레오는 당대 사람들이 보기에 완전히 또라이였다. 그러나 지금 우리는 그의 주장이 옳다는 사실을 안다. 그가 없었다 면 사람들은 여전히 지구가 우주의 중심이라고 믿을지도 모른다.

우리 사회는 누군가 상식 밖의 이야기를 꺼내거나 기존 의 규칙을 의심하면 너무도 쉽게 손가락질부터 한다. 그렇 게 다수가 정한 '정상'이라는 테두리 안에 갇혀 살다 보면, 언젠가는 질문이 사라지고 사고는 굳어진다. 진짜 다른 생 각이 어느 순간부터 사라지는 것이다.

우리가 해야 할 일은 어쩌면 간단하다. 누군가를 또라이라고 말하기 전에 그 사람에 대해 곱씹어 보는 것이다. 왜 그 사람을 이상하다고 느꼈을까? 그가 꺼낸 말이 정말 낯설고 위험해서가 아니라, 한 번도 생각해 보지 않았던 것이기 때문은 아닐까?

【 또라이에게는
세상의 틀을 깨는 힘이 있다 】

독특한 성향을 가진 사람이 또라이라고 불리는 경우도 많다. 이들은 창의적이고 독립적이며, 다른 사람들의 시선이나 사회적 기준에 휘둘리지 않고 자기만의 방식으로 세상을 바라본다.

미국의 심리학자 프랭크 배런은 때로 광기처럼 보일 만큼 혼란스럽고, 통제되지 않는 무질서와 불확실함 속을 지나야 비로소 창의성이 생겨난다고 말했다. 다시 말해 창의적인 사람은 안정된 틀 안에 머무르기보다 불편함을 감수하면서 새로운 길을 찾아 나서는 사람이다. 이러한 성향은 자연스럽게 사회의 통념, 상식과 충돌하며 이상한 사람으로 낙인찍히게 한다. 하지만 가만히 들여다보면 그런 낯설고 이상해 보이는 모습 뒤에 세상의 틀을 깨는 힘이 숨겨진 경우가 많다.

물론 모든 또라이가 멋진 건 아니다. 자기 고집만 내세우며 주변 사람을 전혀 배려하지 않는다면 그건 창의적인 선구자가 아니라 민폐를 끼치는 이기주의자일 뿐이다. 우리가 주목해야 할 사람은 남들과 다르다는 이유로 오해받고 외면당하면서도, 세상을 바라보는 새로운 시각과 자신만의 철학을 지닌 사람이다. 우리는 단지 다르다는 이유만으로 누군가를 쉽게 판단해서는 안 된다. 그 다름 속에 새로운 생각과 질문이 담길 수 있다는 사실을 잊지 말아야 한다.

언젠가 "재 또라이야."라는 말이 더 이상 조롱이 아니라 존중으로 들리는 날이 오기를 바란다. 아니, 아예 그런 말 자체가 필요 없는 세상이 오면 더 좋겠다. 엉뚱한 질문을 환영하고, 눈치 보지 않고 자신의 생각을 말할 수 있는 사회야말로 건강한 사회 아닐까?

비주류는 다수의 흐름이나 사회의 주된 가치관과는 다른 방향을 택한 사람을 지칭할 때 쓰인다. 하지만 동시에 기존 질서에 도전하고 새로운 흐름을 만들어 갈 가능성을 내포한다.

괴짜는 엉뚱하거나 독특한 성향을 지닌 사람을 말하는데, 해를 끼치진 않지만 일반적인 틀과는 확연히 다른 생각이나 행동을 보일 때 주로 사용된다. 친근한 느낌이 있지만 약간의 조롱이 섞여 사용되기도 한다.

이단아는 기존의 규범이나 전통에 도전하고 새로운 길을 추구하는 사람을 긍정하는 표현이다.

우리 중 어느 누구도
자유로울 수 없다

'충(蟲)'은 벌레를 뜻하는 한자어로, 일부 집단을 가리키는 단어 뒤에 붙어 특정 행동이나 집단을 비하하는 접미사로 쓰인다. 급식충은 급식을 먹는 학생을, 맘충은 아이를 기르는 여성을, 그리고 틀딱충은 '틀니를 딱딱 부딪친다'는 말을 줄인 것으로, 노인을 비하하는 말이다. 이 중 맘충은 몇몇 엄마가 공공장소에서 아이들을 방치해 다른 사람들에게 피해를 주는 행동을 비난하던 단어였는데 어느 순간 여성 양육자 전체를 낮잡고 낙인찍는 혐오 표현이 되었다.

- **맘충** 때문에 노키즈존이 생기는 거야.
- 아까 지하철에서 소리 지르는 그 **틀딱충** 봤어?

【 내가 걸어온 길이자 내가 걸어갈 길이다 】

기원전 1700년경 수메르 시대에 쓰인 점토판에는 "요즘 젊은이들은 너무 버릇이 없다."라는 문장이 새겨져 있다. 기원전 425년경 소크라테스는 "요즘 아이들은 버릇이 없다. 부모에게 대들고, 음식을 게걸스럽게 먹고, 스승에게도 대든다."라는 글을 남기기도 했다. 세대 갈등은 유구한 역사가 있다. 그러니 자연스러운 현상이라고 볼 수도 있다. 하지만 다른 세대를 비판하는 것과 혐오하는 것은 조금 다르다. 무엇보다 성별이나 계급, 거주 지역, 외모, 정치 성향의 다름까지 혐오 대상이 되고 있다는 것도 좀 이상하다. 혐오의 대상이 이토록 다양하다면 누구든 비껴갈 재간이 있을까? 어디에서든 나도 혐오의 대상이 될 수밖에.

웃자고 하는 말에 진지하게 반응했다고 해서 진지충, 굳이 풀이할 필요가 없는 내용까지 자세히 설명했다고 해서 설명충, 수시로 대학교에 입학했다고 해서 수시충, 지역균등전형으로 입학했다고 해서 지균충, 책 읽기를 좋아한다고 해서 독서충이라니. 동생을 태운 유아차를 끌고 카페에 들어간 우리 엄마는 맘충이 될 수 있고, 공부 열심히 해서 대학에 입학한 내 동생은 지균충이 될 수 있으며, 나를 사랑으로 품어 주시던 할아버지는 틀딱충이 되어 사람들에게 따가운 시선과 비난을 받을 수 있다. 급식충은 내가 걸어온 길이고 틀딱충은 내가 걸어갈 길이 될 수도 있다.

【 혐오의 감정이 현실에 드러나면 】

싫어하고 미워하는 마음은 우리가 일상에서 느끼는 자연스러운 감정이다. 그런데 이것이 사회적 문제가 되어 가고 있다. 왜 그럴까? 바로 '사회적 소수자로서의 속성'을 가졌다는 이유로 그들을 차별하거나 혐오하기 때문이다. 예전에는 여성이나 이주민, 성소수자, 장애인 등에게 혐오를 드러냈다면 요즘은 소수자가 아닌 어린이나 노인, 남성을 대상으로 한 혐오 표현까지도 골고루 퍼져 있다. 한 사회에서 숨 쉬고 있는 사람 대부분이 혐오의 대상이 되고 있다는 말이다.

'급식충'은 무례하게 행동하는 몇몇 학생에게 쓰던 표현이었는데, 어느새 모든 학생을 지칭해 일반화하듯 사용하고 있다. 이렇게 지칭하다 보면 청소년에 대해 부정적 인식이 퍼진다. 그리고 이런 부정적 인식은 말에 담긴 혐오의 감정을 좀 더 폭발적으로 전달시킨다.

1923년, 일본 간토 지방에 최대 진도 7의 지진이 일어난 간토 대지진 사건이 있었다. 당시 일본에 거주하던 조선인은 일본 사회에 만연하던 혐오의 대상이었고, 평소에도 일본인들로부터 비하와 차별을 받았다. 그런데 지진이 발생한 그날 밤, 집단 공황 상태에 빠진 일본인들 사이에서 조선인들이 마을에 불을 지르고 우물에 독을 푼다는 소문이 퍼지기 시작했다. 그러자 일본인들은 수만 명의 조선인을 학살했다. 평소에 가지고 있던 혐오의 감정이 끔찍한 결과를 초래한 것이다. 말에 숨은 혐오의 감정은 무엇보다 조심해야 한다.

‘충’이라는 표현은 상대를 모욕하거나 혐오하는 의미가 강하다. 그래서 대체어로 **그 사람**을 쓰면 다소 거리를 두고 중립적으로 누군가를 지칭할 수 있으며 감정을 절제할 수 있다. **그 친구**는 비교적 가벼운 어조로, 친근함이나 유머를 담아 풍자적으로 사용할 수 있는 표현이다.

현대 사회의 생존형 자기 홍보

어원

'관종'은 사람들에게 관심 받고 싶어 하는 사람을 의미하는 말로, '관심'과 '종자'라는 단어가 결합하여 만들어진 합성어 '관심종자'의 줄임말이다. '종자'는 씨앗이라는 뜻도 있지만 사람의 혈통을 낮잡아 이르는 말이기도 하다. 관종은 인터넷 커뮤니티와 SNS에서 2000년대 후반쯤 등장했는데, 누군가 지나치게 튀는 행동이나 자극적인 말, 과장된 감정 표현을 하며 억지로 이목을 끌려고 할 때 뒷담화처럼 쓰였다.

예문

• 쟤 또 사람들 관심 끌려고 **관종짓** 해.

【 "좋댓구알?"
낮설었던 네 글자에 담긴 마음 】

도서관에서 학생들에게 안내할 연체 도서 반납 포스터를 제작하고 있을 때였다. 요즘 유행하는 유튜버의 말투를 패러디한, 어느 학교 선생님의 재미있는 포스터를 참고하며 작업을 하고 있었다. 그때 눈에 띄는 네 글자가 있었다. '좋댓구알'. 처음에는 혹시 비속어를 흉내 내어 소리만 남기고 철자를 피해 가는 신조어인가 싶어 의심스러운 눈으로 바라보았다.

하지만 인터넷에서 그래픽 요소를 검색해 보니 하트 아이콘으로 꾸며진 '좋댓구알' 문구가 수두룩하게 나왔다. 나만 모르는 유행어가 분명하다는 느낌이 들어 검색창에 '좋' '댓' '구' '알'을 하나씩 입력해 보았다. '좋아요' '댓글' '구독' '알림 설정', 유튜브나 숏폼 콘텐츠의 마지막에 빠지지 않고 등장하는 인사말이라는 것을 그제야 알게 됐다.

처음에는 이 말이 단지 유튜브 알고리즘에 노출되기 위

관종

한 전략처럼 보였다. 하지만 곰곰이 생각해 보니 그 안에는 어쩌면 아주 인간적인 심리인 관심받고 싶은 마음, 다시 말해 관종의 심리가 조용히 스며들어 있는 듯했다.

"'좋아요'를 눌러 주시면 저에게 큰 힘이 됩니다."

"댓글 달아 주시면 더 열심히 만들어 볼게요."

이런 말은 어쩌면 이런 뜻일 수도 있다.

"제 노력을 알아봐 주세요."

"이 콘텐츠를 만든 제가 존재한다는 걸 알아 주세요."

이 말들은 단순한 홍보 문구가 아니다. 디지털 공간에서 자기 존재를 증명하려는 행위이자 감정적 교류를 요청하는 메시지에 가깝다.

심리학자인 매슬로는 인간의 욕구를 설명하면서 가장 기본적인 생리적 욕구가 충족되면 '소속감과 애정의 욕구'를 느낀다고 했다. 우리는 누군가가 나를 보고 있다는 것만으로도 사람은 존재감을 느끼고 심리적 안정을 얻는다. 그렇기에 관종이라는 말 역시 무조건 나쁘게만 볼 수는 없다. 특히 '직접적으로 "나를 봐 주세요."라고 말하지 않고, 좋댓구알'처럼 간접적인 단어를 만들어 그 욕구를 표현하는 방식은 오히려 사회적 눈치를 고려한 섬세한 방식이라고도 할 수 있다.

우리는 종종 자신의 존재를 알리는 누군가를 향해 "쟤 관종이야."라며 부정적으로 말하곤 한다. 하지만 그 말 뒤에는 누구에게나 있는, 주목받고 싶어 하는 마음이 숨어 있는 것 같다. 관심받고 싶고, 존재를 인정받고 싶은 것은 지극히 자연스럽고 건강한 감정이다. 누군가의 관심욕을 무조건 비난하기보다는 그 안에 담긴 "나, 여기 있어요."라는 작고도 진심 어린 목소리에 잠시 귀를 기울여 보는 건 어떨까?

【 관심은 생존이다? 요즘 관종 유형 】

요즘 세상은 말하자면 관심이 곧 생존이다. 자기표현은 더 이상 선택이 아니라 전략이며, 자신을 알리고 각인시키기 위해선 때로는 과감하게, 때로는 교묘하게 관심을 끌어야 한다. 그렇다면 지금 우리 주변에는 어떤 관종들이 있을까?

인증형 관종

"시간이 지나면 남는 건 사진뿐." 이 말을 누구보다 철저히 실천하는 사람들이 있다. 밥을 먹기 전, 운동을 시작하기 전, 책을 펼치기 전 무엇이든 인증 사진이 필수다.

카페에 가서 책은 제대로 읽지 않아도 책 표지는 꼭 찍으며, 여유로운 분위기와 감성적인 하루를 연출하려고 애쓴다. 운동을 하러 가도 거울 앞 셀카를 찍는 데 10분, 정작 운동은 제대로 하지 않는다. 이들에게 중요한 것은 운동을 했다는 사실보다 운동하는 나 자신을 어떻게 보여 줄 것인가이다. 이들은 실천 그 자체보다 '했다는 흔적'을 남기는 것, 그리고 타인이 남긴 '좋아요'와 댓글 반응을 통해 내 일상이 검증되기를 바라는 마음이 더 크다.

인증형 관종은 비교적 무해하지만 SNS 반응에 과도하게 집착하거나, 기록하지 않으면 존재하지 않는 것처럼 느끼는 '인정 중독'에 빠질 위험성도 있다. 기록이 삶의 일부가 아닌 전부가 되어 버리는 순간, '살아낸 나'보다 '보여지는 나'에만 몰두하게 될지도 모른다.

자랑형 관종

대놓고 자랑하지 않고 돌려서 자랑하는 방식으로 관심을 끌려는 유형이다. 겉으로는 고민을 나누거나 푸념하는 듯 보이지만 생활 수준이나 배경을 은근히 자랑하려는 심리가 숨어 있다. "연애는 좋은데 너무 사랑받아서 좀 부담스럽다." "호캉스를 다녀오느라 공부를 못 했다." "비행기에서는 잠이 잘 안 온다, 비즈니스석인데도."처럼 고민이나 불편함을 앞세우지만 숨은 의도는 이런 삶을 사는 나를 내세우는 것이다. 이들은 힘들다거나 민망하다고 말하면서도 자신의 생활 수준이 드러나는 특별한 생활을 은근히 언급하며 자신의 배경을 포장된 방식으로 보여 준다.

하지만 이런 자랑은 듣는 사람이 피곤하다. 진심으로 고민을 들어 줬더니 결국 자기 자랑이었다는 사실을 깨닫게 될 때 실망감은 더욱 커진다. 관심받고 싶은 욕구 자체는 자연스러운 것이지만 자기 과시는 오히려 듣는 사람의 마음을 상하게 하고 관계를 어색하게 만들 수 있어 조심할 필요가 있다.

자극형 관종

이 유형은 비난을 감수하더라도 주목받는 것을 최우선으

로 삼는다. 일부러 논란을 일으키는 발언을 하거나 공격적인 말투로 이목을 끈다. 예를 들어 "난 장애인 주차 구역 그냥 써. 불편한데 어쩌라고."처럼 민감한 사회 이슈를 건드리거나, '노숙자 체험 브이로그'처럼 타인의 고통을 콘텐츠로 소비하며 시선을 끈다. 한마디로 '어그로'를 끄는 것이다.

이들은 '무플보단 악플이 낫다.' '조회 수가 곧 영향력이다.'라는 생각으로 움직이며, 극단적인 자극으로 감각을 흔드는 방식을 택한다. 하지만 그 과정에서 사회적 규범, 타인의 권리, 공공의 안전을 쉽게 침범하기도 한다.

관심받고 싶은 마음은 자연스러운 욕구다. 그리고 때로는 이것이 창의적인 콘텐츠나 유쾌한 소통으로 이어져 사람들에게 즐거움과 공감을 주기도 한다. 문제는 그 방식이다. 주목받고 싶은 마음이 선을 넘거나 타인에게 불편을 준다면 반드시 되돌아봐야 한다.

【 혹시 나도 관종일까 궁금하다면 】

혹시 관심받기 위해 선을 넘은 적이 있지는 않을까? 다음 표의 문항을 체크하며 '관종력'을 확인해 보자. 세 개 이상에 해당한다면, 관종 행동을 잠시 멈추고 표현 방식이 건강한지 점검해 보면 좋겠다.

나의 관종력 체크 리스트

	항목
표현 방식	□ 일부러 논란될 만한 말을 해서 사람들 반응을 본 적이 있다. □ 욕을 먹더라도 일단 눈에 띄는 게 중요하다고 생각한 적이 있다. □ 재미있자고 이야기를 꾸며서 말하거나, 남의 얘기를 자극적으로 전달한 적이 있다.
SNS 행동	□ '좋아요'나 조회 수를 위해 충격적이거나 튀는 콘텐츠를 올린 적이 있다. □ 연출된 상황을 진짜인 것처럼 꾸며서 공유한 적이 있다. □ 남이 실수하거나 당황한 모습을 촬영해 올린 적이 있다.
불안감	□ 하루라도 게시글이나 사진을 안 올리면 아무도 나를 기억 못 할 것 같아 불안해진다. □ 부정적인 댓글을 봐도 "이 정도면 이슈 된 거 아냐?"라며 위안 삼은 적이 있다. □ 모두가 날 무시하는 것 같은 기분이 들어 괜히 튀는 행동을 한 적이 있다.
타인 배려	□ 내 말이나 행동이 다른 사람을 불편하게 했지만, "그 정도는 괜찮잖아." 하고 넘긴 적이 있다. □ 상대방이 기분 나빠 해도 '그냥 장난인데 왜 이렇게 예민하게 굴어.'라고 생각한 적이 있다. □ 자극적인 상황을 만들기 위해 일부러 갈등을 유도해 본 적이 있다.

인사이더(인싸)는 사람들과의 관계 속에서 활발하게 활동하고 사교성이 있는 사람을 긍정적으로 묘사하는 단어다. '인싸'는 엄밀히 말하면 '관종'과 의미의 결이 다르지만, 학생이나 또래 집단 사이에서는 특정 행동을 바라보는 말의 프레임을 바꾸기 위해 사용할 수 있다. '관종'을 '인싸'로 대체해 언어폭력을 줄이고 자존감을 보호할 수 있다.

'씹다'는 본래 음식물을 입에 넣고 이로 잘게 부수는 동작을 뜻하는 동사다. 여기에서 의미가 확장되어 어떤 대상을 반복적으로 이야기하며 비난하거나 험담하는 행위를 가리키는 말로 쓰이게 되었다. 누군가를 '씹는다'라고 표현할 때는 그 사람의 명예나 인격을 입으로 '짓이긴다'는 은유적 표현으로 이해된다.

• 연예인 가지고 온갖 루머로 **씹는** 사람들 보면 한심해.

【 씹는 순간의 쾌감과
씹어도 된다는 무책임한 심리 】

한 개그 프로그램 중에 연예인들을 거리낌 없이 씹으며 인기를 얻은 코너가 있었다. 처음엔 '막말을 한다.' '개념 없다.'라는 이유로 시청자들에게 뭇매를 맞기도 했다. 하지만 시간이 흐르며 분위기는 점점 바뀌었다. 누군가의 약점을 건드리고 험담하는 모습에 사람들은 묘한 희열을 느끼기 시작했다.

"저렇게 완벽해 보이지만 사실은…."

완벽한 줄 알았던 연예인의 빈틈을 볼 때 우리는 묘한 쾌감을 느낀다. 그들도 부족한 게 있다는 생각이 들기 때문이다. 내가 씹든 남이 씹든, 누군가를 씹는 그 순간만큼은 왠지 통쾌하다. 그러다 어느 순간 연예인을 씹고 있는 나 자신을 발견하게 된다. "쟤는 살이 너무 쪘어." "자기 관리를 너무 못해." "말투 보니 멍청한가 봐." 같은 말들이 툭 튀어나온다. 흥미로운 건 예뻐도, 똑똑해도, 인성이 좋아도 결국 씹힌다는 사실이다. 그들을 씹는 이유는 간단하다. 연예인은 사람들이 씹기에 '딱 좋은' 조건을 갖추고 있다. 나와는 전혀 상관없는 사람인 데다 내가 뭐라고 해도 직접 듣는 일이 없으니 죄책감도 덜하다. 다른 사람들도 같이 씹고 있으니 안심까지 된다.

이처럼 씹히는 존재는 연예인만이 아니다. 외제 차를 타고 다니는 젊은이에게는 "졸부 자식 아니냐." "허세 작렬."이라는 말이, 반대로 소형차를 오래 타고 다니는 사람에게는 "저런 차를 아직도 타냐." "버스를 타는 게 낫겠다."라는 말이 따라붙는다. 이래도 씹히고, 저래도 씹힌다. 씹는 기준도 점점 모호해지고 있다. 우리가 누군가를 씹는 이유는 정말 그 사람이 미워서가 아니라 씹는 순간의 쾌감과 비교를 통한 위안, 그리고 씹어도 된다는 무책임한 심리가 뒤섞여 있기 때문이 아닐까.

【 깃털 같은 한마디가 남기는 상처 】

얼마 전 식당에서 저녁을 먹을 때였다. 옆자리에 회사원으로 보이는 남자 네 명이 앉았는데, 바로 옆이기도 했지만

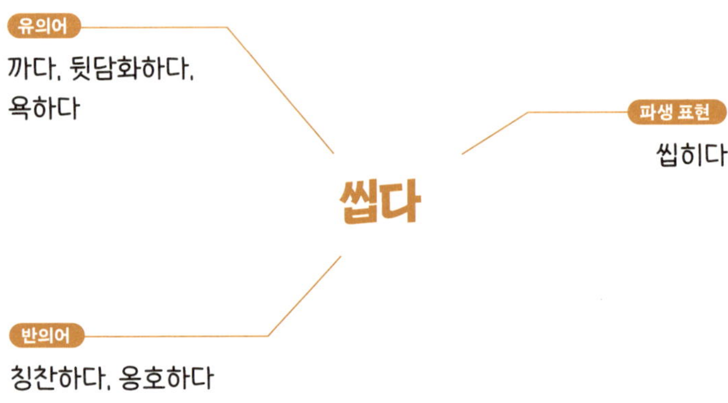

한 남자가 워낙 큰 소리로 말한 덕분에 어쩌다 이야기를 엿듣게 되었다. 그동안 맺힌 게 많았는지 남자는 밥을 먹는 둥 마는 둥 하며 그 자리에 없는 다른 직원을 질겅질겅 씹어 댔다. 그러다가 그중 한 명이 오늘 집에 일이 있다며 자리를 떠났다. 동료가 나가기가 무섭게 그 남자는 새로운 이야기를 시작했다.

"사실 쟤가 없어서 하는 말인데…."

세상에는 씹고 싶은 사람들이 참 많다. 비공식적인 자리에서 사람들을 씹노라면 도파민이 마구 치솟는 느낌이고 눈동자도 똘망똘망, 생기발랄하게 반짝인다. 누군가를 씹고 또 누군가에게 씹히는 것이 어쩌면 매일 밥을 먹듯 아주 자연스러운 우리의 일상일지도 모른다. 어떤 사람은 누군가를 씹는 행위를 통해 돈을 들이지 않고도 즐거움을 느낄 수 있다고 말한다.

이 사람 저 사람을 씹어 대는 그 남자를 보니 문득 어디서 본 문구가 떠올랐다.

"남을 씹는 사람은 능력 없는 사람이고, 뭔가 하는 사람은 능력 있는 사람이다."

심심풀이 땅콩처럼 누군가를 씹는 행동이나 깃털 같은 한마디가 그 사람에게는 상처가 된다. 또한 누군가를 험담하는 내 모습은 남들이 나를 과소평가하게 만들기도 한다. 그래서 지금 나는 누구를 씹는 것이 조금은 두렵다.

디스하다는 힙합 문화에서 유래한 말로 상대를 깎아내리는 말을 할 때 자주 쓰인다. 젊은층 사이에서 자연스럽게 사용되는 표현으로, '씹다'의 공격적 뉘앙스를 간결하게 전달하면서도 조금은 유머러스한 분위기를 낼 수 있다. 반면 **부정적 평가**는 비교적 객관적이고 분석적인 느낌을 담고 있어 글쓰기나 발표, 회의 등 공식적인 자리에서 사용하기에 적합하다. 이는 단순한 비난이 아니라 의견의 일환으로 표현되는 경우가 많아 문제 상황을 이성적으로 전달하고자 할 때 효과적이다.

3장

시대가 바뀌어도 그대로인 말

사람을 헷갈리게 만드는 건방진 단어

'절이다'의 방언 또는 변형된 표현에서 유래했다는 설이 있다. '절이다'가 일상 언어에서 비유적으로 확장되면서 무언가에 푹 빠져 있거나 완전히 스며든다는 뜻으로 사용된 것으로 추정된다.

즉, '쩐다'는 배추가 소금에 절여지는 것처럼 어떤 대상이나 상황에 완전히 빠져 있거나, 한 가지 분야에서 놀라울 정도로 뛰어난 실력이나 매력을 발휘하는 경우를 비유적으로 표현한 말이다.

• 이번 콘서트 퀄리티 **쩔었다.** 아직도 여운 남음.

【 '쩌는' 이중성 】

남학교에 근무해서 그런지 옷을 입을 때 항상 신경이 쓰인다. 하루는 왠지 소녀 같은 옷을 입고 싶어 아껴 두었던 분홍색 니트 원피스를 꺼내 들었다. 평소에는 화장을 거의 안 하는데, 그날은 특별히 화장을 하려고 30분이나 일찍 일어났다. 교실에 들어가서 학생들에게 "어려 보여요!"라는 말을 듣는다면 30분 일찍 일어난 피로를 다 떨쳐 낼 수 있을 것 같았다.

앞문으로 들어서니 웅성대는 소리가 들린다. 씨익 웃으며 '역시 성공했구나' 하는 마음에 속으로 한껏 들떠 있는 찰나, 한 녀석의 목소리가 들려왔다.

"선생님, 오늘 쩔어요!"

그 말에 학생들은 기다렸다는 듯 일제히 웃음을 터뜨렸다. 나는 순간 멈칫했다. '예쁘고 어려 보인다'는 의미의 '쩔어요'일까? 아니면 '도대체 그 나이에 무슨 추태입니까. 눈 뜨고 볼 수가 없습니다'의 '쩔어요'일까? 한참이나 얼떨떨

했다.

　사람이든 단어든 한 가지 성질만 있어야 주변을 헷갈리게 하지 않는다. 두 마리 토끼를 잡겠다고 아무리 애써도 결국 한 가지에 충실한 것, 전문성이 있는 것에는 이기지 못한다. 인간의 이중성도 견딜 수 없이 나쁘고 싫지만, 단어의 이중성도 직접 밝혀 주지 않으면 의미를 헷갈리게 해서 싫다. 사람을 기대하게도 하지만 실망시키기도 해서 더 나쁘다. '쩌는' 이중성은 버려야 한다.

【 칭찬에 인색한 태도가 만든 단어 】

　얼마 전 친구 집에 놀러 갔다가 거실에 놓인 에어컨을 보고 깜짝 놀랐다. 리모컨 버튼을 누르지도 않았는데, 친구가 "에어컨 켜 줘."라고 말하자 에어컨이 자동으로 켜지는 것이었다. 요즘 세상, 정말 말로 다 되는구나 싶어 감탄하다 나도 모르게 한마디를 내뱉었다.

　"와, 이거 진짜 쩐다!"

　곰곰이 생각해 보면 "엄청 편하네" "기술력 대단하네" 같은 말도 할 수 있었을 텐데, 왜 하필 '쩐다'였을까? 별생각

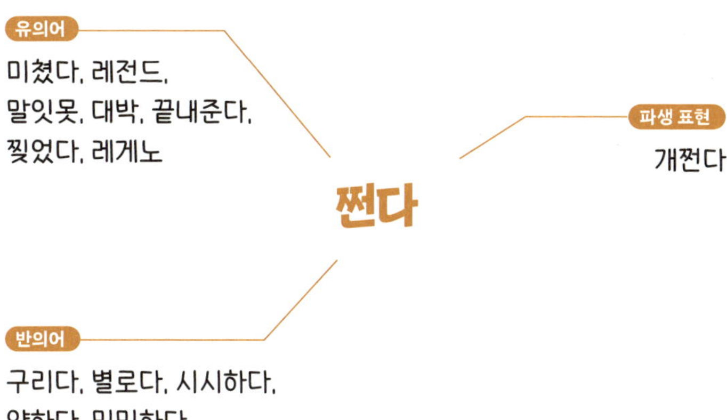

없이 튀어나온 말이지만, 어쩌면 평소 칭찬에 인색한 우리의 말버릇이 이런 표현을 만들었는지도 모르겠다.

많은 사람이 칭찬에 서툴다. 누군가를 멋지다고 인정하는 순간, 괜히 내가 그보다 부족하고 작아지는 기분이 들기도 한다. 그래서 "멋지다" "잘했다"는 말 대신, '쩐다' 같은 모호한 말로 돌려 말한다. 칭찬은 하고 싶은데 자존심은 지키고 싶은 마음에서 비롯된 건 아닐까?

배추를 절일 때 쓰이던 '쩐다'가 지금은 "와, 저건 좀 쩐다!"처럼 충격이나 강렬함을 표현할 때도 쓰인다. 그렇게 쓰임새가 늘어난 건, 우리가 솔직하게 감탄하거나 인정하는 데 익숙하지 않기 때문일 수 있다.

누군가 정말 멋질 땐 "멋지다"라고, 잘했을 땐 "대단하다"라고 말해 보면 어떨까. 진솔한 칭찬은 내가 작아지는 게 아니라, 성장하는 시작점이 될 수 있다. 잘한 것은 잘했다고, 멋진 건 멋지다고 박수쳐 준다면, '쩐다'처럼 애매하고 칭찬을 흐리는 말은 자연스럽게 줄어들지 않을까?

'쩐다'는 상황에 따라선 너무 튀거나 가벼워 보일 수 있다. **엄청나다**는 감탄의 느낌을 살리면서도 말의 톤이 단정하다. 일이 예상보다 훨씬 크거나, 누군가의 실력이나 결과가 기대 이상일 때 쓰면 좋다. 듣는 사람도 부담 없이 받아들이는 표현이라 말에 신뢰감을 줄 수 있다. 친구들과의 대화는 물론이고 선생님이나 부모님 앞에서도 무리 없이 사용할 수 있다.

개기는 데에도
그 나름의 스타일이 있다

'개기다'는 '자꾸 맞닿아 마찰이 일어나면서 표면이 닳거나 해지다' '성가시게 달라붙어 손해를 끼친다'라는 의미의 '개개다'에서 그 어원을 찾는다. 전자보다 후자의 의미로 많이 쓰이면서 보다 어감이 부정적인 '개기다'로 변형되었다. 박박 대들다, 또는 할 일을 하지 않고 버틴다는 뜻으로 사용한다.

- 쌤한테 **개기다가** 혼났어.
- 어제 엄마한테 **개겼더니** 반찬이 풀밖에 없어.

【 10대 개김 스타일 전격 탐구 】

개기는 사람도, 개김을 당하는 사람도 많은 사회여서 그
런지 우리는 일상에서 '개기다'라는 표현을 많이 쓴다. 어른
들이 아랫사람에게 "머리에 피도 안 마른 녀석이 어디서 눈
을 부라리면서 개겨?"라고 말하기도 하고, 가끔 일부 정치
인들은 "감히 국회의원한테 개겨?"라고 개념 없는 발언을
하기도 한다. 사회뿐 아니라 학교에서도 수업 시간에 선생
님에게 개기는 학생들이 있는데, 개기는 데에도 나름의 유
형이 있다.

'매가리' 없는 형

늘 책상에 엎드려 있다. 매가리가 없다. 마치 수면제를
과다 복용한 사람처럼 아무리 깨워도 미동조차 하지 않는
다. 선생님이 애타게 이름을 부르며 흔들어도 그는 '소리
없는 개김'으로 일관한다. 놀라운 건 남녀노소 가리지 않고
모든 선생님에게 똑같은 태도를 보인다는 점이다. 그러니

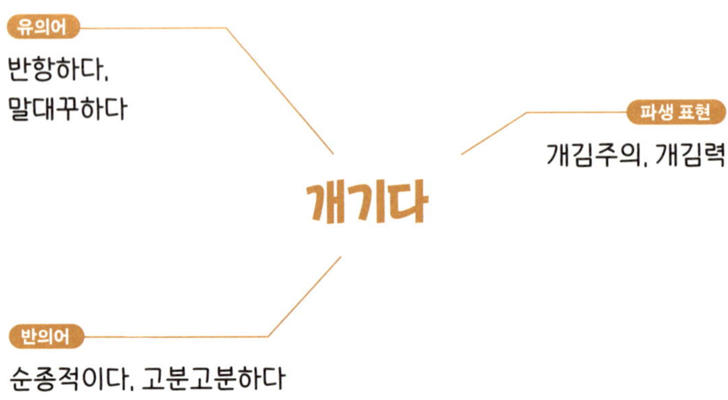

얄밉진 않다. 그냥… 모든 것에 관심이 없을 뿐이다. 잔소리와 훈육은 아무 효과 없다. 회유도 협박도 안 통한다. 결국 선택지는 하나다. 그냥 자게 두는 수밖에.

'깐죽'형

수업 시작종이 울린 뒤에야 용변을 보는 학생들이 대부분 이 부류에 속한다. 수업 시작종만 치면 쉬는 시간 내내 얌전했던 대장이 요동을 치고 방광이 터질 것 같다고 난리다. 마치 파블로프의 조건 반사 실험을 보는 듯하다. 화장실에 보내 주지 않겠다고 하면 여기서 볼일을 봐도 책임질 거냐며 개기다가, 허락이 떨어지면 휴지를 찾는다며 온

교실을 다 헤집는다. 이 부류에 속하는 학생들은 보통 수업 시간에 이리저리 돌아다니거나 시시껄렁한 이야기를 꺼내 수업 분위기를 순식간에 엉망으로 만드는 최고 능력자들이다. 그리고 최고로 야비하다. 무서운 선생님 시간에는 쥐 죽은 듯 조용히 있다가, 만만한 선생님 시간이 되면 슬슬 개긴다. 학생부로 데려간다거나 담임 선생님께 알린다고 하면 조용해진다. 지조가 없다.

애정 결핍형

선생님에게 관심받고 싶다. 그런데 공부를 잘하는 것도 아니요 특별히 잘하는 분야가 있는 것도 아니니 선생님의 눈에 들 방법이 없다. 그래서 선생님의 관심을 얻고자 역으로 선생님에게 개기며 화를 돋우어 관심을 받으려 한다. 수업과 전혀 상관없는 질문을 많이 하거나, 대놓고 다른 교과서를 펴 놓거나, 필기하라고 하는데 멍 때리고 있거나, 일부러 조는 척을 한다. 그렇지만 악의는 없기 때문에 선생님이 좋은 말로 타이르면 금방 말을 알아듣고 착한 학생으로 변신한다. 그들의 개김은 선생님의 관심을 끌기 위한 것이지 자신들의 불만을 표출하는 수단이 아니다.

'막가파'형

잘못 건드리면 다혈질로 변신한다. 갑자기 영웅심이 차올라 머릿속에 떠오른 생각을 전혀 거르지 않고 고스란히 내뱉음으로써 선생님을 한순간에 웃음거리로 만드는 재주가 있다. 어떤 충고나 훈계도 통하지 않고, 그 순간 가능한 한 개김의 최대 능력치를 선생님과 학생들에게 보여 주고자 한다. 지적이 쏟아질수록 오히려 피식 웃으며 시선을 피하지 않고 오기가 발동한 듯 더욱 당당해진다. 말이 통하지도 않고 분위기를 읽지도 않는다. 진심으로 처치 곤란이다.

　'개기다'의 표준어는 **개개다**이다. '개기다'와 비슷하게 권위나 지적에 반응하며 맞서는 태도를 나타내지만, 좀 더 장난스럽고 귀찮은 뉘앙스를 가진다. 한편, 이와는 조금 결이 다르지만 상황에 따라 **버티다**라는 단어를 사용할 수도 있다. '버티다'는 누가 뭐라 해도 자신의 입장을 꿋꿋이 지키는 태도를 가리키며, 때로는 고집스럽거나 당당한 느낌으로 해석되기도 한다. 즉, '개기다'가 즉각적이고 감정적인 반항이라면, '버티다'는 조용하지만 단단한 버팀에 더 가깝다고 볼 수 있다.

휴식이 필요할 때

'땡땡이'는 주로 학생들이 수업을 고의로 빠지는 행동을 가리킬 때 사용되는 속어다. 정확한 기원은 명확하지 않지만, 일정한 규칙이나 의무에서 벗어나 '텅 비운다' '비워 버린다'는 의미의 '땡땡 비운다'가 '땡땡이친다'로 변형되었다는 설이 있다.

종이나 금속이 부딪히는 소리에서 유래해, 반복적이고 무의미한 행위나 태만을 풍자적으로 표현한 것에서 비롯되었다는 설도 있다.

• 우리 오늘 학원 수업 **땡땡이**칠까?

【 세상에서 가장 짜릿한 기분 】

중학교 3학년 겨울 방학, 학교에서는 연합고사를 치른 지 얼마 안 된 우리를 붙잡아 두고 마지막까지 보충 수업을 강행했다. 겨울이라 기온은 뚝 떨어졌지만 온종일 창가에서 나를 부르는 따스한 햇살을 모른 체할 수 없었다. 친한 친구들과 눈빛을 교환하며 땡땡이칠 궁리를 하다가 담임 선생님이 퇴근한 틈을 타 학교를 빠져 나왔다. 그날 우리는 한 친구네 집에 가서 라면을 끓여 먹고 놀았는데, 세상에서 가장 짜릿한 기분으로 라면을 먹은 것 같다.

이튿날 겁에 질린 채 학교에 갔는데, 다행히 선생님은 한 번쯤 해 볼 수 있는 일탈로 받아들였는지 부모님들에게는 연락하지 않고 넓은 마음으로 이해해 주셨다. 그 대신 나와 친구들은 방학이 끝날 때까지 교실 청소를 도맡아야 했다.

요즘 학생들은 부모님 몰래 땡땡이치기가 쉽지 않다. 정보화 시대를 넘어 디지털 정보화 시대가 된 탓에, 땡땡이를 치기가 무섭게 부모님의 스마트한 핸드폰으로 즉시 연락이

간다.

"귀댁의 자녀가 오늘 보충 수업에 결석하였습니다. 다음부터는 이런 일이 없도록 가정에서 관심을 두고 지도해 주시기 바랍니다."

학부모를 카카오톡 단체 대화방에 초대해 공지를 띄우는 선생님도 있다고 한다.

"오늘은 보충 수업이 없는 날입니다."

"오늘은 아무개가 땡땡이를 쳤습니다."

도저히 빠져나갈 구석이 없다. 게다가 단체 대화방이니, 매번 우리 아이 이름이 거론되면 부모님은 민망하고 화도 난다. 아마도 개인적으로 통보받는 것보다 분노 게이지가 두 배는 더 올라갈 것이다.

하지만 우리가 감행하는 작은 일탈이 때로는 삶의 소소한 즐거움이 될 때가 있다. 나는 학생들이 가끔은 그런 작은 일탈을 통해 학교생활의 스트레스를 풀고, 다시 힘을 냈으면 좋겠다는 생각이 든다. 학생들이여, 너희에게 땡땡이를 허하노라!

【 작은 일탈, 휴식이라 쓰고 땡땡이라 읽는다 】

유독 공기, 온도, 습도가 완벽한 날이 있다. 눈부신 햇살이 가득한 날이면 내 마음속에도 살랑살랑 봄바람이 분다. 이런 날은 땡땡이치기 딱 좋은 날이다. 식물에게만 광합성이 필요한 게 아니다. 공부에 찌든 학생들, 업무에 치이는 직장인들, 일상에 지친 사람에게도 '게릴라 광합성'은 반드시 필요하다.

해야 할 일을 잠시 내려 두고, 소소한 휴식에 가까운 무언가를 하는 작은 일탈. 우리는 이것을 '휴식'이라 쓰고 '땡땡이'라 읽는다. '땡땡이'라는 말에는 어감부터가 어딘가 무책임하게 노는 듯한 이미지가 있지만, 이게 꼭 나쁘지만은 않다.

아인슈타인은 이렇게 말했다. "우리가 직면한 중대한 문제들은 그 문제를 만들었던 사고방식으로는 해결할 수 없다."라고. 그렇기에 문제가 생겼을 때, 그 자리에서 끙끙대기보다 잠시 자리를 벗어나 생각을 환기하는 일이 필요하다. 땡땡이를 쳐야 한다는 뜻이다. 잠깐 거리 두기를 하면 굳어 있던 머리는 부드러워지고, 숨 막히던 마음은 조금의 여유를 찾는다.

물론 땡땡이를 치면 약간의 미안함이 뒤따른다. 학생이라면 뒤에서 묵묵히 지원해 주는 부모님이 떠오를 것이고, 직장인이라면 월급을 주는 회사 생각이 날 수도 있다. 그래서일까? 땡땡이 뒤에는 이제 다시 열심히 하자는 묘한 다짐이 따라온다. 새해가 되면 굳게 마음먹는 그 결심처럼 땡땡이는 '리셋' 역할을 한다.

가끔 집중이 안 되고, 스트레스가 임계치를 넘어서려 할 때, 억지로 버티지 말고 땡땡이를 시도해 보자. 생각지도 못한 아이디어가 떠오를 수도 있고, 뜻밖의 에너지가 다시 샘솟을지도 모른다.

깜짝 휴식은 예고 없이 갑작스럽게 찾아온 짧은 쉼을 재치 있게 표현한 말로, 계획된 휴가가 아닌 즉흥적이고 은밀한 휴식을 의미한다. **비공식 휴식**은 제도권 안에서 정해진 휴식이 아니라 개인이 스스로 선택해 누리는 자유로운 회복의 시간으로, 일상 속 리듬을 조율하려는 의도가 담긴 표현이다. 마지막으로 **일탈**은 일상적인 규범에서 벗어난 행위지만 반드시 부정적인 의미만은 아니며, 때로는 반복되는 일상에서 벗어나 새로운 자극과 에너지를 얻는 행위로 해석되기도 한다.

'젠장'은 조선 시대 형벌 중 하나였던 '난장'에서 비롯되었다. '난장'은 죄인이 죽을 때까지 곤장을 치는 무시무시한 형벌이었다. 이 형벌을 받으면 대부분 장애를 입거나 사망에 이르렀기 때문에, 사람들 사이에서는 극단적인 저주나 욕설로 "제기랄, 난장을 맞을!"이라는 표현이 퍼졌다. 이 표현이 변형되어 지금의 '젠장'이라는 감탄사로 굳어졌다.

• **젠장**, 다 망쳤잖아.

['젠장'이 아닌 새로운 기회]

서른 번째 자필 자기소개서(자소서)를 쓰고 원서 접수하러 우체국에 가던 날. 그날따라 유난히 추웠다. 터벅터벅 걸어가던 내 모습도 추웠고, 마음 둘 곳 없이 여기저기 원서를 내야 하는 내 신세도 추웠고, 기댈 곳 없는 내 마음도 참 추웠다. '인쇄'만 누르면 1분도 안 되어 프린터에서 자소서가 나오는 편리한 세상에 살다 보니 자소서를 자필로 공들여 쓰는 사람은 많지 않겠다고 생각해 경쟁력이 있다고 장담했다. 그래서 더 기대했다. 그러나 며칠 뒤, 자필 자소서가 면접 기회조차 없이 받아들여지지 않았다는 사실을 알았다. 겉으로는 쿨한 척했지만 마음속으로는 '젠장'만 되뇌었다.

젊은 시절, 취업을 앞둔 내 인생에서 '젠장'은 또 다른 '젠장'을 불러왔다. 일 하나가 제대로 풀리지 않으면 연결 고리처럼 다른 일도 연달아 꼬여 마음속엔 한숨만 늘어 갔다. 그때의 자필 자소서 트라우마 때문일까. 나는 한동안 손으

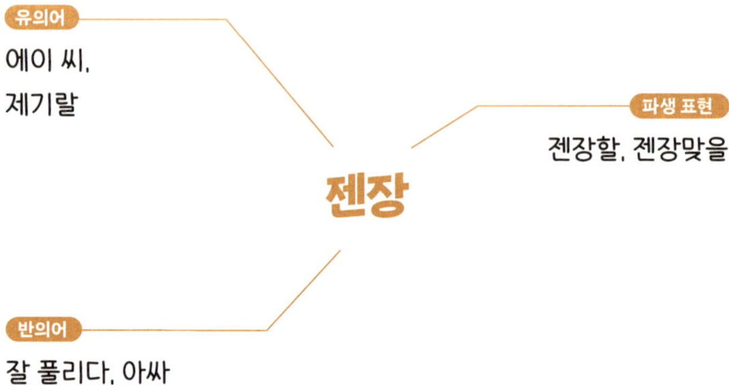

로 뭔가를 쓰는 일이 싫었다. 손 글씨를 쓰면 그 시절의 처량함과 슬픔이 부유물처럼 떠오르는 것만 같았다.

하지만 시간이 흘러 다시 펜을 들었다. 이번에는 억지로 쓰는 자소서가 아니라 읽고 느낀 문장을 내 손으로 고요히 옮기는 '필사'였다. 누가 시키지 않아도 스스로 쓰는 이 글쓰기에서 나는 위로를 받았고, 내 마음속의 '젠장'은 조금씩 사라졌다. 손으로 쓴다는 행위가 나를 괴롭히는 것이 아니라, 나를 회복시킨다는 걸 비로소 알게 된 것이다.

소설가 김영하는 어린 시절 연탄가스 중독으로 이전 기억을 모두 상실했고, 몸이 허약한 탓에 자연스럽게 책을 가까이하게 되었다고 한다. 일종의 결핍을 통해 얻은 기회로 그는 누구나 인정하는 재기 발랄함과 엉뚱함을 갖춘, 명성 높은 작가가 되었다. 결핍이라는 것이 하나의 기회가 될 수 있는 걸까. 그렇다면 결핍에 굳이 '젠장'을 외칠 필요가 있을까. 나는 그 결핍이 또 다른 결핍을 가져올까 봐 두려워 '젠장'을 외쳤지만, 김영하 작가처럼 결핍은 새로운 기회를 몰고 올 복덩이가 될 수도 있다.

【 젠장, 내 인생이야! 】

아침엔 편의점에서 삼각김밥을 하나 집어 들었고, 점심은 대충 도시락으로 때웠다. 그 대신 저녁엔 회사 근처 별다방에 들러 라떼 한 잔을 샀다. 그런데 그걸 본 누군가가 이렇게 말했다.

"그렇게 아끼더니 커피 한 잔에 5000원이나 써?"

순간 마음속에서 '젠장, 내가 뭘 그렇게 잘못했나?'라는 생각이 툭 튀어나왔다.

이처럼 우리는 "젠장"을 외칠 수밖에 없는 세상에 살고 있다. 가성비를 지키지 않으면 '돈 못 쓰는 사람', 돈을 쓰면 '가성비 못 챙기는 사람'이 되어 버리는 세상. 아끼면 "그렇게 살아서 뭐하냐?" 하고, 쓰면 "돈 자랑하냐?" 한다. 누구는 삼각김밥으로 허기를 달래고 커피 한 잔으로 하루를 위로 받는다. 그 커피는 단순한 음료가 아니라 나를 유지하게 만드는 작은 사치이자 자존감이고, 오늘 하루를 버티게 해 주는 다정한 의식일지도 모른다. 그런데 누군가는 그걸 두고 '과시'와 '허세'라고 쉽게 말한다.

물론 형편에 맞지 않는 소비나 남을 위한 허세는 곤란할 수 있다. 하지만 스스로 선택한 작고 소박한 위로조차 누군가의 비웃음거리가 되어야 할까? 우리는 너무 쉽게 타인의 선택을 판단하고 그들의 방식을 '젠장스럽다'고 낙인찍는다. 그러나 진짜 '젠장'은 남의 삶을 자기 잣대로 재단하며 작은 기쁨마저 허락하지 않으려는 태도가 아닐까? 다음에 또 누군가가 나의 커피 한 잔을 보며 혀를 찬다면 조용히 중얼거릴 것이다.

"젠장, 신경 꺼! 내 메뉴는 내가 고른다."

된장은 원래 음식 재료지만, 발음이 비슷한 '젠장'의 순화 표현으로 종종 사용되며 감정을 유쾌하게 풀고 싶은 상황에서 부담 없이 쓸 수 있다. 강한 어감을 피하면서도 짜증, 실망, 당황 같은 감정을 가볍게 전달할 수 있다. **이런**은 갑작스러운 실수나 예상치 못한 상황에서 놀람과 아쉬움을 표현하는 데 적합한 말로, 상대에게 불쾌감을 주지 않으면서도 감정을 충분히 드러낼 수 있다.

타인을 존중하지 않는다면

국립국어원에 따르면 '꼰대'는 교도소 은어에서 유래했을 가능성이 있다. '선생님'을 낮춰 부르던 말인 '꽁생원' 또는 '꼰대'를 '꼰대'로 바꾸어, 교도관이나 나이 많은 사람을 지칭했다고 한다. 교도소뿐만 아니라 과거 학생들 사이에서도 선생님을 비꼴 때 이 말을 썼는데, 1970~1980년대에 이 표현이 종종 쓰이면서 점차 사회 전반으로 퍼졌다. 군대 문화나 회사 내 위계질서 속에서 권위적인 행동을 하는 사람을 지칭할 때 자연스럽게 쓰인다.

- "그건 내가 다 해 봐서 아는데 말이야."라고 말하면 다 **꼰대**야.

【 해외에서도 유명한 꼰대 】

표준국어대사전에 '꼰대'를 검색해 보면 다음과 같은 결과가 나온다.

꼰대

1. **명사**   은어로, '늙은이'를 이르는 말

2. **명사**   학생들의 은어로, '선생님'을 이르는 말

사전적 의미로 보았을 때는 나이가 든 사람이나 선생님을 표현할 때 사용하는 부정적 표현처럼 보인다. 이 단어가 널리 쓰인 것은 1960년대 후반으로, 해야 할 일이나 규칙 등을 강압적으로 요구하는 대상으로 교사, 특히 담임 교사를 지칭했다. 요즘은 단어가 만들어졌을 때와는 달리 단순히 나이가 많은 것을 넘어서서 다양한 사회적 의미나 경멸을 담아 사용하는데 해외에서도 이런 의미로 꼰대를 소개하기도 했다.

2019년 9월 23일 영국 국영 방송 BBC의 채널 중 하나인 BBC2는 자사의 페이스북 페이지에 "이런 사람을 알고 있나요(Do you know someone like this)?"라는 제목과 함께 '꼰대(kkondae)'를 소개하면서, 그 의미를 "자신은 항상 옳고 다른 사람은 늘 잘못됐다고 여기는 나이 많은 사람"이라고 풀이했다. 영국 경제지 《이코노미스트》는 같은 해 5월, 꼰대에 관해 "거들먹거리는 노인"이라는 기사를 실었다. 해당 기사에서 '꼰대'는 "젊은 사람들로부터 의심의 여지 없이 복종을 기대하는 사람" "비판은 빠르지만 자신의 실수는 절대 인정하지 않는 사람" "자신의 권위에 도전하는 사람에게 보복을 가하는 사람" 등으로 묘사되었다. 나이보다 태도의 문제라는 의미의 해석이다.

〔 꼰대의 특징 〕

그럼 꼰대는 어떤 사람일까? 첫째, 꼰대는 자신의 경험에 기반해 후배 세대를 판단하거나 권위적인 태도를 바탕으로 자기 생각만 옳다고 주장하며 자신의 가치관을 다른 사람에게 강요한다. 자주 하는 말로는 "나 때는 말이지." "내가 너보다 나이가 많으니까.” “내가 해 봐서 아는데….” 가 있다. 꼰대는 보통 나이와 경험이 많다는 이유로 자신의 의견을 밀어붙이는 경향이 강하다. 스마트폰이나 인터넷이 없던 시절에 자라 지금의 기술이나 문화를 잘 이해하지 못하기 때문에 자신이 아는 방식으로 조언을 하려다가 실수를 하기도 한다. 물론 사회의 변화 속도가 느릴 때는 앞 세대와 다음 세대의 경험이 비슷해서 이런 주장이나 강요가 가치 있는 지식처럼 느껴져 존경을 받고 권위를 누릴 수도 있다. 하지만 지금이 어떤 시대인가. 인공 지능이 대부분의 문제를 해결해 주고, 짧은 시간에 많은 것이 변화하는 시대다. 그러니 앞 세대의 이야기는 더 이상 뒤 세대에게 가치 있는 지식이나 의미 있는 경험이 될 수 없다. “내 경험은 일반적이라 다음 세대에도 적용되는 것이 당연하다.”라는 생각을 버리지 못한다면 계속해서 꼰대로 남을 수밖에 없다.

둘째, 대화가 아닌 훈계를 하며 일방적 소통을 한다. 타인의 의견을 잘 듣지 않는 태도가 기본값이며 아랫사람들에게 대접받으려고만 한다. 한 영화의 유명한 대사가 있다. “내가 인마, 느그 서장이랑 인마, 어저께도 으! 같이 밥묵고, 으! 싸우나도 같이 가고, 으! 마 다했으!” 서장이랑 본인이 친하니 대접받고 싶다는 의미다. 그런데 상대방이 자신을 서장이랑 동급 혹은 특별한 사람으로 대하지 않자 "너 내가 누군지 알아?"라고 화를 낸다. 이런 사람들은 자기 태도는 생각도 하지 않고 불만부터 내뱉는다. "요즘 애들하고는 말이 안 통해." "요즘 애들은 버릇이 없어."라고.

물론 이러한 성향은 자라온 환경과도 밀접한 관련이 있다. 꼰대들은 나이가 많은 사람을 대접해야 한다는 사회에서 살아왔다. 그렇기에 그런 역할이나 모습을 다른 사람에게도 요구한다. 하지만 더 이상 '자기 할 말만 하고 경청하지 않으며 대접받으려 하는 태도'는 어떤 대화에서도 환영받을 수가 없다.

【 나는 꼰대가 아닐까? 】

나이가 많다고 무조건 꼰대라며 배척하고 경멸하는 경우도 종종 볼 수 있다. 지나치게 빠른 사회적 변화로 각 세대의 경험이 너무 다름을 탓하지 않을 수 없다. 그러니 조금만 양보하여 그들의 경험과 시각을 존중하고 이해하는 태도를 가지면 세대 차이를 넘어 더 깊이 있는 대화를 나눌 수 있을지도 모른다. 물론 그전에 자신이 꼰대임을 깨닫고 변화하고자 하는 마음이 있어야겠지만.

그런데 잘 생각해 보니 상대방을 꼰대라고 비난하며 변화시키고자 하는 마음도 꼰대가 아닌가? 꼰대질은 나쁘다는 자신의 가치관이 옳다고 믿고, 꼰대로 살고자 하는 그들의 삶을 간섭하는 거니까. 자신은 꼰대가 아닌지, 혹은 '젊은 꼰대'가 되지 않을지 점검해 보자. 내 가치관이 옳다고 믿으며 그 가치관에 기반해 다른 사람의 삶을 바꾸려고 간섭하고 있지는 않은지 말이다.

【 꼰대가 아닌 어른을 만나고 싶다 】

60여 년간 한약방을 운영하며 번 돈으로 평생 아름다운 기부를 해 온 김장하 선생의 이야기를 담은 다큐멘터리 〈어른 김장하〉를 보았다. 윤석열 대통령의 탄핵 심판 선고 요지를 낭독한 문형배 전 헌법재판소장 권한대행의 2019년 4월 국회 인사 청문회를 보다가 연결된 알고리즘 덕분이었다. 김장하 선생의 도움으로 사법 시험까지 합격할 수 있었던 그는 청문회에서 김장하 선생을 이렇게 소개한다.

"김장하 선생은 한약업사로서 번 돈으로 명신고등학교를

건립하여 경상남도에 기증하였고 수백 명의 학생에게 장학금을 지급하였으며, 형평운동기념사업회, 진주오광대복원사업, 경상대학교 남명관 건립 등 좋은 일을 많이 하였습니다. 선생은 제게 자유에 기초하여 부를 쌓고 평등을 추구하여 불합리한 차별을 없애며, 박애로 공동체를 튼튼히 연결하는 것이 가능한 곳이 대한민국이라는 것을 몸소 깨우쳐 주셨습니다. 제가 사법 시험에 합격하고 인사하러 간 자리에서 '내게 고마워할 필요는 없다. 나는 이 사회의 것을 너에게 주었으니 갚으려거든 이 사회에 갚아라'라고 하신 선생의 말씀을 저는 한시도 잊은 적이 없습니다. 제가 (사회에) 조금의 기여를 한 게 있다면 그 말씀을 잊지 않았기 때문이라고 생각합니다."

이 일화처럼 다큐멘터리 속에서 김장하 선생은 진정한 '어른'의 모습을 몸소 보여 준다. 남에게 자신의 삶을 강요하지 않고 그저 자신의 자리에서 조용히 일을 하며 주관대로 살아갈 뿐이다. 내가 김장하 선생이었다면 내가 준 장학금으로 유명 대학의 교수가 되어 돌아온 학생이 무척 자랑스러웠을 것이다. 웃으면서 내 장학금을 받아 열심히 공부하고 이렇게 훌륭한 사람이 되어 기쁘다고 말하며 생색냈을 수도 있다. 하지만 그는 그러지 않았다. 그러니 그의 후

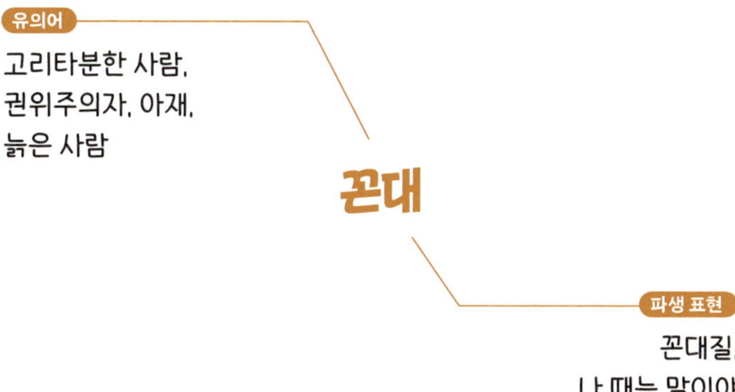

원을 받은 수많은 이는 김장하 선생에게 부끄럽지 않은 삶을 살고 싶다고 입을 모으며 사회에 대한 책임감을 가지고 각자의 분야에서 열심히 살아가는 것이다.

'꼰대'가 많은 사회에서 우리 모두에게 삶을 대하는 태도와 의미를 가르치려 하거나 강요하지 않아도 자연스럽게 생각하게 하는 사람, 도덕적으로 본받을 만한 진짜 '어른'. 그런 어른이 그립다.

권위주의자는 자신의 지위나 연륜, 경험을 근거로 타인에게 일방적인 복종을 요구하거나, 다른 의견을 수용하지 않고 상하 관계를 강조하는 사람을 가리킨다. 특히 조직이나 학교, 가정 등 다양한 사회적 맥락에서 합리적인 대화보다 권위에 기대어 행동하는 태도를 비판할 때 사용하기 적절하다.

허세와 자기방어가 함께 이루어진다

'구라'는 오늘날 '거짓말'을 뜻하는 속어로 자주 쓰인다. 이 단어의 어원에는 여러 설이 존재한다.

먼저 일제 강점기 시절 도박판에서 사용되던 일본어 '구라마스(くらます)'에서 유래했다는 설이 있다. '구라마스'는 일본어로 '속이다' '은폐하다'라는 뜻이며, 당시 도박꾼들 사이에서 속임수를 뜻하는 말로 널리 쓰였다. 이 말이 한국어 화자들에게 음차되어 '구라'라는 말로 정착된 것으로 보인다.

일본어 '구라이(くらい)'에서 유래했다는 설도 있다. '구라이'는 원래 '어둡다' '캄캄하다'는 뜻이지만, '거짓말하다'라는 의미로도 쓰였다. 이 단어가 한국으로 들어와 부정적인 뉘앙스를 가진 '구라'라는 표현으로 변형되었다는 주장이다.

• 쟤 또 **구라** 치고 있어.

【 구라의 추억 】

　방학 중이던 어느 금요일에 한 통의 전화를 받았다. 평소 아주 성실하게 활동하는 도서부 학생의 어머니였다. 좋은 일보다는 나쁜 일을 전화로 듣는 경우가 많아서일까? 솔직히 이런 전화는 받을 때마다 왠지 모르게 긴장된다.

　어머님은 안부를 물은 뒤 조심스럽게 물으셨다.

　"혹시 오늘 도서부 1박 2일 캠프가 있는 게 사실인가요?"

　순간 당황스러웠다. 고등학생 도서부는 학업을 고려해 1박 2일 캠프를 따로 기획하지 않는다. 자초지종을 들어보니, 부모님 말씀도 잘 듣고 착실한 이 학생이 당일 아침 등교하면서 "엄마, 도서부 캠프 다녀올게요!"라고 말했다고 한다. 보통 이런 순간, 엄마들은 묘한 촉이 오는 모양이다. 뭔가 석연찮은 느낌이 들었다고 하셨다. 그리고 그 예감은 빗나가지 않았다. 어머니는 걱정스러운 마음에 전화를 주신 것이었다. 어떻게 말씀드려야 하나 잠시 망설이던 그때, 문득 내 학창 시절 '구라'의 추억이 떠올랐다.

엄마는 책값만큼은 아끼지 않고 모두 사 주었지만 옷이나 가방 같은 것은 예외였다. 공부하는 학생이 무슨 옷이 필요하냐며 나의 패션 센스를 무시하고 트레이닝복만 고집했다. 멋 부리고 싶은 사춘기 시절, 내 안의 또 다른 내가 꿈틀거렸다. 어느 날, 체육 대회 티셔츠를 맞춘다며 회비를 낸다고 거짓말을 하고 갖고 싶었던 옷을 샀다.

그 일이 들통난 건 엄마가 학교에 상담을 다녀온 뒤였다. 엄마에게 직접 들은 것은 아니고 담임 선생님이 웃으며 말했다. "너 엄마한테 반 티셔츠 맞춘다고 했더라?" 거짓말을 들킨 줄 모르고 있던 나는 그때부터 하루하루가 조마조마했다. 하지만 엄마는 끝내 나를 추궁하지 않으셨다. 내 마음을 이해해 주신 것이다. 다 알고도 속아 준 엄마의 모습은 지금도 떠올리면 마음이 먹먹해질 만큼 고맙고 아름다웠다.

그래서 그 학생의 어머니께 이렇게 말씀드렸다.

"친구들과 놀러 가고 싶었는데, 고3이 다가오니 말씀드리기 죄송했나 봐요. 아이가 착하고 책임감도 강하니 너무 걱정하지 않으셔도 괜찮을 것 같아요."

며칠 뒤 그 학생을 조심스럽게 불러 물어보았더니 '선생님이 무슨 말씀을 하시는 거지?' 하는 눈치였다. 아마 그 학생의 어머니도 우리 엄마처럼 조용히 넘어가 주신 듯했다. 역시, 엄마들의 마음은 다 비슷한가 보다. 아이의 실수마저 품어 주는 그 넓은 마음이 참 고맙고 감동적이었다.

【 살아남기 위한 말의 기술 】

아이들은 가끔 '뻥'을 친다. 그것도 아주 태연하게, 아무 거리낌 없이.

"나 어제 곰만큼 큰 강아지를 봤어."

"나 집에서 공중 부양 해봤는데 되더라!"

말도 안 되는 소리지만, 아이들의 세계에선 이런 말들이 특별한 의도 없이도 자연스럽게 튀어나온다. 아이들은 그저 한껏 부풀려 말하고 싶은 욕망과 사람들이 놀라거나 웃는 모습을 보고 싶은 순수한 기대에서 이런 '뻥'을 만든다. 뻥은 악의도, 계산도 없는 말이다.

하지만 아이가 자라고 사회의 규칙과 눈치를 배우게 되면 말의 성격도 달라진다. 뻥은 점차 줄어들고 '들키지 않아야 할 말'들이 등장한다. 중고등학생쯤 되면 이제 말은 곧 방어 수단이 된다.

"선생님, 오늘 배가 너무 아파서 조퇴할게요."

"쟤가 먼저 시비를 걸었어요."

공부가 싫어서, 혼나기 싫어서, 부끄럽거나 손해 보기 싫어서 우리는 거짓말을 배운다. 단순한 방어 차원을 넘어 누군가를 설득하고, 자기 이미지를 세우기 위한 고도의 언어 전략인 '구라'를 치게 된다.

우리는 살면서 깨닫는다, 정직만으로는 살아가기 어렵다는 것을. 사회생활은 단순히 '진실'을 말하는 것만으로는 성립되지 않는다. 특히 조직이나 집단 안에서는 더더욱 그렇다.

예를 들어 얼굴을 맞대고 일하기조차 싫은 직장 상사가 있다고 하자. 다른 공간에서 만났다면 절대 말도 섞지 않았을 사람이다. 그런데 사무실에서는 "존경합니다, 부장님."이라는 말이 툭 튀어나온다. 아무리 싫어도 그렇게 말하는 이유는 간단하다. 내 자리를 지키는 방법이기 때문이다.

이런 말을 우리는 '구라'라고 부른다. 진심은 없지만 맥락을 고려해 발화된 사회적 언어. 이는 단순히 남을 속이기 위한 거짓말이 아니다. 그것은 나를 지키고 갈등을 피하며 때로는 인간관계를 부드럽게 만드는 사회적 장치다.

심리학자들은 거짓말이 생존 본능이라고 본다. 실제로

인간의 뇌는 거짓을 상상하고 실행하며 유지하는 데 고도의 인지 능력을 동원한다. 즉, 우리는 본능적으로 생존을 위해 구라를 쳐야만 하는 존재인 것이다.

사회생활에서의 거짓말은 일종의 윤활제 역할을 하기도 한다. 누군가의 옷차림이 별로여도 "잘 어울려요."라고 말하는 것, 지루한 발표를 듣고도 "너무 재밌었어요."라고 말하는 것. 구라는 거짓이면서 동시에 관계의 기술이다.

【 거짓의 경계 】

거짓말에는 치명적인 약점이 하나 있다. 바로 '들키면 끝'이라는 점이다. 거짓말은 듣는 사람이 진짜라고 믿을 때만 효과가 있다. 그게 들통나면 '거짓말쟁이'가 되는 거다. 상대방의 기분이 나쁜 것을 넘어서 그 사람과의 신뢰가 무너질 수 있다.

인간관계는 결국 신뢰를 기반으로 유지된다. 그런데 구라로 신뢰가 무너지면 관계는 순식간에 얼어붙는다. 직장에서도, 친구 사이에서도, 가족 안에서도 마찬가지다.

세상이 너무 팍팍해서 가끔은 솔직하게 말하면 손해 보

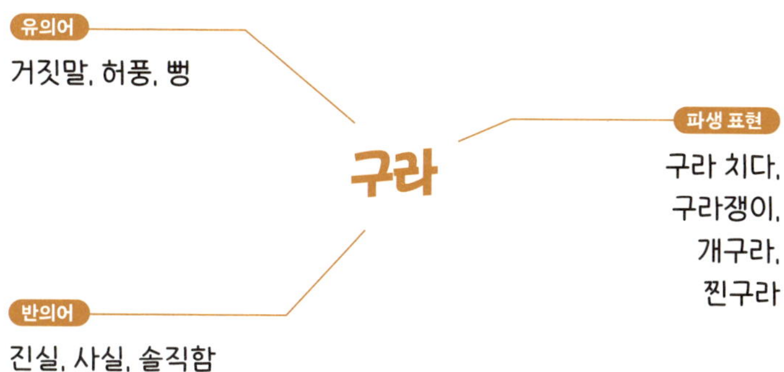

기도 하고 분위기를 망치기도 한다. 그렇다고 아무 말이나 지어내는 건 나와 상대방 모두에게 피해를 준다. 누군가를 속이려는 의도였든 나를 방어하기 위함이었든, 그 말이 누군가를 상처 입히고 관계를 흐리게 만든다면 그건 분명히 '선 넘은 구라'다.

완전히 솔직하지도, 그렇다고 대놓고 거짓말도 하지 못하는 그 애매한 경계에서 우리는 날마다 어떤 말을 할지 고민하고 상대방의 표정과 타이밍을 살피며 조심스럽게 계산한다. 언제 말할지, 어떻게 말할지, 어느 정도까지 말할지. 그리고 오늘도 누군가는 선생님을 향해 말한다. 조심스럽게, 때로는 아주 능숙하게.

"선생님, 정말 존경합니다."

양념은 음식의 감칠맛을 내듯 이야기에 자극을 주기 위해 사실을 보태거나 꾸몄다는 의미로 쓸 수 있다. "또 말에 양념 팍 팍 쳤네."라는 말은 이야기가 흥미롭긴 하지만 과장이 있다는 것을 부드럽게 지적하는 방식이다.

나는 한 번이라도 뜨거웠을까

'빠순이'는 특정 연예인을 열렬히 좋아하는 여성 팬을 비하하거나 희화화하는 말로, '오빠'와 '순이'의 결합어에서 비롯되었다. '오빠를 좋아하는 순이'라는 식으로, 팬심이 지나쳐 이성을 잃은 사람처럼 행동하는 여성 팬을 비꼬는 말로 쓰였다. 이 단어는 한국 대중문화와 팬덤 문화의 부정적 단면을 드러내는 용어로 자리 잡았다.

• 나도 한때 **빠순이**처럼 밤새 팬 카페 눈팅했었지.

【 아직도 열정적이고 뜨겁다는 증거 】

　연말이 되면 어김없이 예쁜 다이어리를 산다. 새 다이어리에 일상을 정리하다 보면 다음 해의 모든 일이 내가 계획한 대로 척척 이루어질 것만 같은 기분이 든다. 이런 소비자들의 마음을 읽은 걸까? 요즘에는 다이어리를 직접 사는 대신 커피를 마시며 스티커를 모으면 다이어리를 받을 수 있는 이벤트를 진행하는 카페들이 늘고 있다. 하지만 '공짜'라는 말이 무색할 만큼 그 다이어리를 받기까지의 과정은 쉽지 않다. 어떤 카페는 크리스마스 한정 음료를 포함해 12월 한 달 동안 열일곱 잔의 커피를 마셔야 다이어리를 받을 수 있는데, 금액으로 환산하면 약 8만 원에 달한다. '공짜' 다이어리도 얻기 힘든 세상이다.

　실제로 온라인에서는 이 카페의 스티커를 사고파는 거래도 이루어진다. 한편에서는 어렵게 얻은 다이어리를 자랑하는 블로그 글이 속속 올라오고, 다른 한편에서는 그런 모습을 '별다방 빠순이들' '허세녀들'이라며 조롱하는 댓글들도 달린다.

처음에는 나도 종이 질이 특별히 좋지도 않고 휴대하기 편한 것도 아닌 그 다이어리에 열광하는 사람들을 보며 허세라고 느꼈다. 하지만 이들의 행위는 열정을 보여 주는 증거일지도 모른다. 그래서 그 '별다방 빠순이들'이 어쩐지 부럽게 느껴졌다.

【 다시, 빠순이! 】

누구나 한 번쯤 연예인을 좋아해 본 경험이 있을 것이다. 나도 아주 잠깐 한 연예인을 향한 애정을 행동으로 표현했던 적이 있다. 고등학교 1학년 때, 늦은 저녁에 하는 라디오 공개 방송을 직접 보고 싶어서 새벽 여섯 시에 도서관 간다고 거짓말을 하고 집을 나섰다. 평소 같았으면 상상도 못할 일이었지만 그날은 왠지 용기가 났다. 순수한 팬심이 어느 선을 넘으면 눈앞에 아무것도 안 보이고, 오직 '좋아하는 마음' 하나로 단호하고 용감해지는 순간이 오는 것 같다. 맨 앞에서 줄을 서느라고 열두 시간이 넘도록 화장실도 제대로 못 가고 '최애'를 기다렸다. 공개 방송이 시작되자 잘 정렬되어 있던 줄이 흐트러지며 몇 명이 넘어졌다. 혼돈의 카오스였다. 그날 '진짜 빠순이'들 틈에 껴 있다가 밟혀 응급실에 갈 뻔한 이후로 빠순이는 아무나 되는 게 아니구나 싶어 조용히 일상으로 복귀했다. 그 뒤로 다시는 그런 도전은 하지 않았고, 나이가 들면서 무언가에 쉽게 흥미를 잃고, 시도조차 해 보지 못한 채 포기하는 일이 많아졌다.

그러다 어느 날, 옛날 사진들을 정리하던 중 문득 예전의 내가 낯설게 느껴졌다. 자그마한 일에도 깔깔 웃고, 사람들과 함께 부대끼며 무엇이든 주도적으로 해보려고 애쓰던 시절. 무언가에 의미를 부여하고 '살아 있음'을 온몸으로 느끼던 그 시절의 내가 지금의 나보다 훨씬 용감해 보였다. 요즘의 나는 너무 일찍 많은 것을 내려놓고 살고 있는 건 아닌가 싶어 부끄러웠다.

그래서 나는 다시 조금씩 '덕질'을 시작했다. 요즘은 가끔 최애의 브이로그를 보며 혼자 실실 웃고, 때로는 콘서트에 가서 손목이 나가도록 응원봉을 흔들며 목이 터져라 노래를 따라 부른다. 그렇게 하루의 스트레스를 털어 내고, 다시 일상을 살아갈 힘을 얻는다. 누군가는 나를 '빠순이'라 부르며 유치하다고 할지 몰라도, 내게는 분명한 활력이고 삶의 소중한 재미다.

나는 '빠순이'라는 말속에 누군가를 진심으로 좋아해 본 사람만이 가질 수 있는 순도 높은 열정이 담겨 있다고 믿는다. 누구의 눈치도 보지 않고 오직 좋아하는 마음 하나로 몰입할 수 있는 그 에너지. 이제 나는 그 마음을 다시 천천히 되찾고 있다. 지금의 나는 다시 '빠순이'가 되어 가는 중이다.

'빠순이'라는 말은 다소 희화적이거나 부정적인 느낌을 줄 수 있다. **마니아**는 진지하고 절제된 열정을, **팬**은 가장 보편적이고 중립적인 표현을, **덕후**는 깊이 있는 애정과 지식을 드러낼 수 있어 상황에 따라 이 대체어들을 알맞게 쓰면 좋다.

4장

어쩔 도리가 없다, 이 말밖엔

'좆'은 고유어로, 남성의 성기를 속되게 이르는 말이다. 생각하는 대로 통제되지 않는다는 점에서 착안해 사람들은 의지대로 행동하지 못하고 일이 뜻대로 되지 않을 때 '좆같다'라고 말한다.

• 시험 문제 왜 이렇게 **좆같냐?** 수업에서 안 다룬 것만 나왔어.

【 10대, 욕에 중독되다 】

수업 시간에 학생들과 함께 〈KBS 스페셜: 10대, 욕에 중독되다〉를 본 적이 있다. 인터넷에서 이뤄지는 욕 배틀 등 욕설 사용에 관한 다양한 사례가 많았는데, 그중에서도 초등학생들의 욕 사용 실태가 인상 깊었다.

프로그램의 PD가 학생들에게 물었다.

"친구들이 욕하는 소리를 들으면 기분이 어때요?"

그러자 초등학교 5학년 정도 돼 보이는 남학생이 해맑게 웃으며 대답했다.

"정말 좆같아요!"

그 순간 나는 얼어붙었다. 도대체 초등학생 아이에게 '좆같다'는 말은 어떤 의미였을까?

꿈을 이루기 위해 12년간의 학창 시절을 열심히 달려왔다. 매번 1, 2등을 하지는 않았지만 부모님과 선생님이 말씀하신 대로 늘 최선을 다했다. 그런데 내가 원하는 대학과 나의 성적은 괴리가 있었다. 현실과 이상 사이의 벽은 생각

보다 높았고, 모든 것을 되돌리기에는 너무 늦었다.

그래도 포기하지 않고 비싼 등록금을 내며 4년간 열심히 대학에 다녔다. 교통비만 받으며 인턴 생활도 했고, 부모님 형편이 어려운 줄 알면서도 남들처럼 어학연수도 다녀왔다. 봉사 활동, 토익 점수, 공모전 수상…, 사회가 말하는 '준비된 사람'이 되기 위해 나는 할 수 있는 모든 걸 했다. 그런데 현실은 냉정했다. 원서를 넣을 때마다 돌아오는 건 '불합격'이었다.

세상에는 내 마음대로 안 되는 일이 너무나 많다. 나이를 먹으면 먹을수록 불공정한 일이 많아지고, "열심히 하면 된다" "최선을 다하면 된다" "결과보다 과정이 중요하다"라는 말들은 그저 듣기 좋은 말일 뿐, 현실엔 닿지 않는다. 이렇게 불공정함이 난무하는 세상에서 내가 설 곳이 있을까? 열심히 살아왔는데 나에게 주어지는 대가가 겨우 이런 거라고 생각하니 왠지 조금 억울하다.

나 스스로가 통제할 수 없는 현실, 내 뜻대로 되지 않는 상황이 넘치다 보니 이런 부조리한 상황에서 '좆같다'는 말이 나올 수밖에. 억울함, 피로감, 허탈함. 이 모든 것이 농축된 한 단어가, 때로는 그 어떤 말보다 더 정확하게 지금의 상황을 설명해 주는 것 같다.

【 오늘 기분은 꽃 】

〈KBS 스페셜: 10대, 욕에 중독되다〉를 학생들과 함께 보고 난 후 느낀 점을 자유롭게 써 오라는 숙제를 내 줬다. 감상문 내용을 보니 학생들도 적잖이 충격을 받은 듯했다. 그런데 한 학생이 쓴 감상문을 검사하다 나도 모르게 피식 웃고 말았다.

"욕을 하지 않고 말하려 하니 어색하고 문맥이 부정확했다. 이런 내게 부족한 것은 어휘라 생각해 도서관에서 책을 빌려 읽었다. 그렇게 습득한 어휘를 쓰고자 말을 천천히 하고 대체어를 썼다. '좆같다'를 '꽃 같다'와 같이 바꾸어 말하기 시작했다. 처음에는 대체어로 천천히 말하는 것이 답답했지만 끝까지 경청해 주고 대체어를 항상 상기시켜 주는 친구들 덕분에 욕하는 버릇을 많이 고쳤다.”

학생들이 만들어 낸 '좆같다'의 대체어는 바로 '꽃 같다'였다. 발음이 비슷하고 음절 수가 같은 이 단어는 물론 '마음에 들지 않는 일'과 같은 의미로 내뱉는 말이라 어감이 사뭇 다르지만, 겉으로 드러나는 의미가 얼마나 고상한가. 듣기에도 좋고 말하기에도 훨씬 부드럽고 기분 좋은 단어가 아닐까 싶다.

“야, 나 오늘 기분이 정말 꽃 같아!”

“시험 점수가 왜 이렇게 꽃 같냐.”

이렇게 대체어를 쓰고 있을 학생들을 생각하니 절로 웃음이 나왔다. 이 대체어는 어쩌면 숨기고 싶은, 하지만 이미 굳어 버린 그들의 '좆같은' 언어 습관에 한 줄기 빛이 되어 주는 '꽃 같은' 대체어가 아닐까 생각한다.

세상일이 잘 안 풀린다고 해도, “아, 정말 '좆같은' 인생”이라고 말하지 말고, 상큼하고 향기 나는 '꽃 같은' 인생이 될 거라고 말하면 좋겠다. 사람은 말하고 생각하는 대로 살아가게 되니까.

어떤 사물이 몹시 마음에 들지 않거나 보기 싫을 때 흔히 '좆 같다'는 말을 쓴다. 물론 이런 말을 쓰는 사람이 많지는 않겠지만, 간혹 자기도 모르는 사이에 입 모양은 이 말을 그대로 좆는 사람들이 있다. 격 떨어지고 질 떨어지는 '좆같다' 대신에 발음이 비슷한 **주옥같다**나 **꽃 같다**는 말을 써 보면 어떨까? 조금 더 교양 있게 표현해 보고 싶다면 **엉망진창이다**라는 말을 써 보는 것도 좋다.

거지는 인간이 살아가는 데 기본적으로 필요한 조건인 의식주를 갖추고 있지 못한다. 그러니 대부분 처한 지금 상황이 만족스럽지 않다. 이런 거지들의 모습에 빗대어 '거지 같다'고 표현한다. '만족스럽지 않다' '마음에 들지 않는다'는 말과 상통한다.

• 쟤 말투 왜 저래? 듣는 사람 기분 **거지 같게** 하네.

【 거지 같은 비속어 수업 】

남고에 발령받아 남학생들과 지내다 보니 거친 언어 습관이 몸에 배었다. 그중에서도 내가 가장 자주 입에 달고 살던 비속어가 하나 있었으니, 바로 '거지 같다'였다.

수업 시간에 조용히 하라고 열 번을 말해도 계속 떠들 때, 엎드려 자는 아이를 살살 달래 가며 일어나라고 해도 말을 전혀 듣지 않을 때, 교실을 쏘다니며 수업을 방해할 때, 내 기분을 가장 잘 대변해 주는 말은 '거지 같다'였다.

이 말과 의미가 비슷한 '센 말'들이 많겠지만, 아무리 그래도 정규 교육을 받고 그 나름대로 교양이 있다고 생각하는 내가 학생들에게 "이 새끼들이 진짜 말 안 듣는구나! 오늘 진짜 기분 좆같네."라고 말할 수는 없지 않은가. 그래서 너무 강하지 않으면서도 내 나름대로 부드러운(?) 비속어를 고른 것이 '거지 같다'였다.

'탄탄한' 비속어를 바탕으로 진행되는 내 수업은 의외로 화기애애하고 재미있다. 남학생들은 비속어를 섞은 수업을 좋아했고, 조는 학생도 없었다. 이상한 일이지만, 아이들이 쓰는 비속어를 함께 사용하면서 학생들과의 소통 능력이 훨씬 좋아졌다.

"너희들 오늘 수업 태도, 아주 거지 같구나."

"오늘 선생님 기분이 좀 거지 같으니까 건드리지 마라!"

입에 착착 달라붙는 '거지 같은' 말로, 나의 '거지 같은' 비속어 수업은 그렇게 계속되었다.

【 거지 같다고 하지 마세요 】

한 학기가 지나고 나의 이런 언어 습관에 학생들도 어느 정도 익숙해질 무렵, 교원 평가가 치러졌다. 지금은 사라졌지만, 당시에는 학기 말이면 대학에서 교수님을 평가하듯 학생들이 교사의 수업을 평가하는 제도가 있었다.

솔직히 말하자면 이 제도에 대해 나는 꽤 회의적이었다. 평가가 수업의 질보다는 인기도나 말투, 심지어 외모 같은 비본질적인 요소로 흐르는 경우가 많았기 때문이다. 한 달 가까이 진행되는 평가 기간을 거친 뒤 결과가 담긴 봉투를 여는 일은 매년 긴장되고, 썩 유쾌하지 않았다.

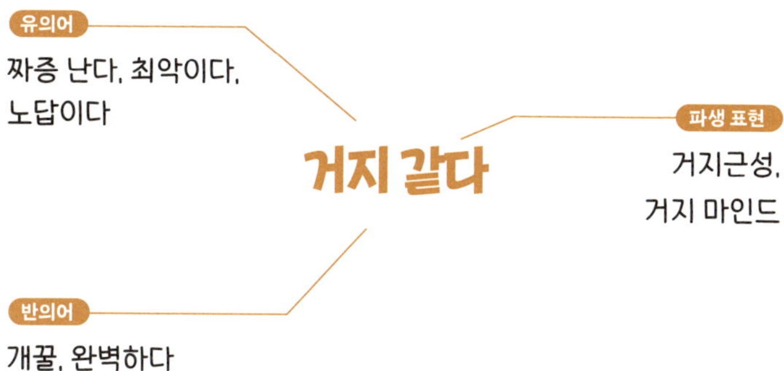

그해도 예외는 아니었다. 내 평가 자료에는 또다시 외모를 두고 작은 논쟁이 벌어져 있었다. 읽다 보면 자연스레 중얼거리게 된다.

"진짜 짜증나네. 내가 무슨 연예인도 아니고, 외모가 수업과 무슨 상관이람? 이게 인기투표야?"

그렇게 대수롭지 않게 넘기며 읽어 내려가던 중, 어느 한 문장에서 마음이 철렁 내려앉았다. 마치 뒤통수를 세게 얻어맞은 듯 머릿속이 하얘졌다.

"선생님 수업 잘 듣고 있어요. 그런데 선생님이 쓰시는 '거지 같다'는 표현은 안 하셨으면 해요. 저희 집이 정말 가난한데 그 말을 들을 때마다 뜨끔하고 너무 가슴이 아픕니다."

그 순간 가슴이 먹먹해졌다. 내가 아무렇지 않게 내뱉던 한마디가 누군가에게 깊은 상처가 되고 있었을 줄은 생각조차 못했다. 유쾌한 수업을 만들겠다는 의도였지만 그 말이 학생의 마음을 짓누르고 있었다는 사실이 너무 부끄럽고 미안했다. 한동안은 아이들의 얼굴을 마주 보기가 어려웠고, 교실 문을 여는 발걸음마저 조심스러웠다.

그 후로 나는 '거지 같다'는 말을 입에 올리지 않게 되었다. 말을 조심하려고 의식적으로 노력하고 있다. 물론 여전히 정신없는 수업 시간에 화가 치밀어 오를 때면 머릿속에서 튀어나오려는 말들을 꾹꾹 눌러야 할 때도 있다. 나도 사람이니까. 때로는 '세 보이는' 말 한마디가 분위기를 정리하는 데 효과적일지도 모른다는 유혹이 들 때도 있다.

하지만 그날 이후로 나는 분명히 알게 되었다. 어떤 말은 분위기를 휘어잡는 데 쓰일 수 있지만, 또 어떤 말은 아이들의 마음을 아프게 할 수 있다는 사실을. 같은 말이라도 누군가에겐 마음의 흉터로 남을 수 있다.

그래서 요즘은 진지하게 고민 중이다. 분위기는 유쾌하게 살리면서도 학생들에게 상처는 남기지 않는 말. 말의 힘을 빌리되 분위기를 살리는 말. 그런 표현, 어디 없을까?

엉망이다는 정돈되지 않거나 실패한 상황을 보다 점잖고 객관적으로 표현할 수 있다. 또한 **별로다**는 내 마음에 들지 않거나 기대에 못 미쳤을 때 감정을 부드럽게 전달하는 말이다.

이처럼 조금 더 구체적이고 덜 자극적인 표현으로 감정을 전달하면 말의 품격도 지킬 수 있고 불필요한 갈등도 줄일 수 있다. 부정적인 감정을 그대로 쏟아내기보다는 절제하는 연습이 필요하다.

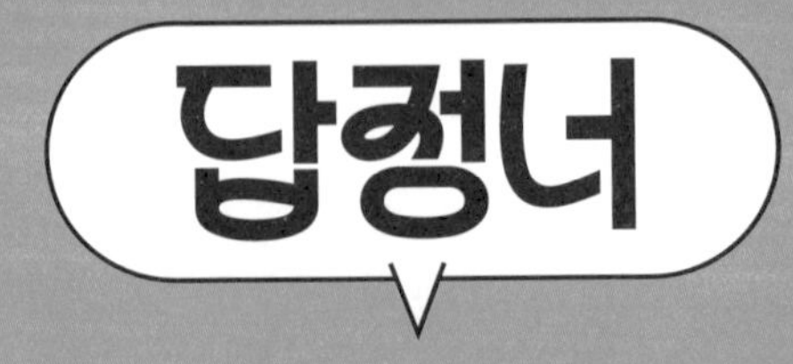

'답은 정해져 있고, 너는 그걸 대답만 하면 돼'의 줄임말이다. 화자가 정한 말을 청자가 대답하도록 이끌거나 강요하는 화법을 가리키는 말로, 유도 신문의 일상적 어법이라고 할 수 있다. 답변을 받았을 때 만족스럽지 않으면 자신이 만족하는 대답을 얻을 때까지 끈질기게 반박하고 재질문하는 사람들을 비판할 때 주로 쓰인다.

• 그럴 거면 왜 물어봐? 완전 **답정너**네.

【 답정녀의 흔한 패턴 】

오랜만에 고등학교 친구를 만나는 자리였다. 맛있는 음식을 먹고 예쁜 카페에 가서 열심히 수다를 떨자는 대화가 오갔다. 나는 친구에게 물었다.

"오늘 저녁 뭐 먹을까?"

"난 아무거나 괜찮아. 네가 좋은 걸로 하자."

"그러면 초밥 먹으러 갈까? 오랜만에 땡기는데."

"나 어제 초밥 먹었는데. 그리고 요즘 초밥 괜찮은 곳이 없더라."

"아, 그러면 떡볶이 먹으러 갈까? 즉석 떡볶이에다 밥 볶아 먹자!"

"요즘 매운 거 먹으면 배가 아파서 좀."

"아, 그러면 중국 요리 먹을까? 탕수육 잘하는 식당 아는데…."

"너무 기름지지 않아? 좀 가볍게 먹는 게 어때?"

서로의 대화가 오가는 동안 이상한 기운이 감지되었고

결국은 친구가 원했던 샐러드가 우리의 저녁 메뉴가 되었다. 화가 났다. 친구가 먹고 싶은 메뉴를 함께 먹으러 간 것이 화가 난 게 아니라 처음부터 내가 좋아하는 메뉴를 먹자며 말을 꺼내 놓고는, 정작 제안하니 모두 다 싫다고 말한 그 대화에 화가 난 것이었다. 대화하는 내내 '도대체 어쩌자는 거야'라는 말이 목구멍까지 나왔지만 사회생활을 위해 넣어 두었다. 속으로 생각했다. '이럴 거면 나한테 왜 물어봐? 이미 답은 정해져 있었잖아!'

한번은 고3 학생이 내게 상담을 신청했다. 자신은 경제학에 관심이 있는데, 수학은 너무 어렵고 힘들어서 진로를 변경하고 싶다며 진로 고민을 털어놓았다. 나는 진로와 관련된 고민은 그냥 넘어갈 수가 없어서 그 학생의 관심사가 뭔지 이야기를 나누며 오랜 시간 동안 여러 가지 방향을 제시해 주었다. 그런데 결국 그 학생의 선택은 나에게 전혀 이야기한 적이 없던, 자신이 마음속으로 이미 결정했던 직업군이었다. '도대체 날 붙잡고 왜 그렇게 울먹거린 거야? 이미 답은 정해져 있었잖아!'라고 생각할 수밖에 없었다.

"선생님, 남자 친구가 예전 같지 않아요. 잘해 주는 것 같은데 애정이 식은 것 같기도 해요."

"애정이 식은 것 같아? 어떤 부분이 그런데?"

“통화 시간도 줄었고요, 예전보다 저에게 관심이 없는 것 같아요.”

“남자 친구 나빴네. 이참에 잘 됐다. 이제 수능도 본격적으로 준비해야 하니까 헤어지고 공부하는 건 어때? 남자 친구는 대학교 가서 사귀어도 되잖아.”

“아니, 그렇게 나쁘지는 않아요. 전보다 관심이 덜하지 여전히 저에게 잘해 주거든요.”

“그래도 관심이 식은 거잖아. 오히려 잘된 것 같아. 너 성적도 계속 떨어지고 있더라고.”

“선생님, 제 남자 친구 좋은 사람이에요. 함부로 말하지 말아 주세요.”

어느 장단에 춤을 춰야 할지, 이 상황에서 무슨 말을 해야 할지 고민이 되는 날이 너무 많다.

【 답정녀는 문해력과도 관련이 있다 】

과거에는 검증된 정보를 안전하게 접할 수 있었다. 지금처럼 매체가 발달되어 있지도, 정보가 많지도 않았기 때문이다. 현재는 어떤가? ‘정보의 바다’를 넘어선 ‘정보의 화수

분’ 시대다. 영상으로 정보를 접하는 것은 물론, 읽고 싶은 것만 읽어서 긴 글을 읽지 못하게 되기도 한다. 인공 지능이 발달하고 있지만 챗GPT가 주는 정보는 모두 진실이라고 볼 수 없다. 오히려 부정확한 답이 더 눈에 많이 띄기도 한다.

온라인이든 인공 지능이든 그것이 제공하는 정보가 진짜 믿을만한지 진실인 것인지 확인하는 과정이 필요하다. 실제로 미국의 한 변호사가 재판을 준비하는 과정에서 챗GPT가 제공하는 정보를 이용해 여섯 개의 소송을 인용했는데, 그 소송은 실제로 있었던 것이 아니라 챗GPT가 지어낸 거짓 사례였다. 결국 정보의 출처를 확인하지 않은 변호사는 처벌받을 위기에 처했다고 한다.

현대 사회에서는 검증되지 않은 다양한 정보에 노출되어 있다 보니 뭐가 사실인지, 정확한 정보는 무엇인지 판단하기가 굉장히 어렵다. 그렇기 때문에 미래에는 넘쳐나는 정보의 사실 확인을 할 수 있는 능력이 귀해질 수밖에 없다. 많은 정보를 가진 사람이 아니라 ‘진짜’ 정보를 가지고 잘 활용하는 사람이 필요한 시대인 것이다. 그렇다면 사실 확인을 어떻게 해야 할까? 세 가지 질문이 필요하다. 첫째, 누가 어떤 의도로 만든 정보인가? 둘째, 주장에 대한 근거가 있는가? 셋째, 다른 정보와 비교했을 때 타당한가? 그리고 이 질문에 답하기 위해서는 사실 확인을 할 정보 자체를 '읽어야' 한다. 즉, 정보를 논리적으로 분석할 수 있는 능력, 정보를 정확하게 해석할 수 있는 '문해력'이 필수라는 이야기다.

하지만 문해력이 중요함에도 글이 네다섯 줄이 넘어가면 읽기 어려워하고, '긴 글은 읽지 않겠다'며 읽기를 포기하는 학생들이 늘고 있다. 독서를 독려하면 "책을 왜 읽어요? 유튜브에 다 요약돼 있는데."라고 반문한다. 심지어 모든 안내 사항을 요약해 게시판에 붙여 놓아도 전혀 읽지 않는다. 문해력이 저하되면 내가 취하고 싶은 정보만 받아들이게 되고, 결국 '답정너'의 심리에 영향을 끼칠 수밖에 없다.

나보다 나를 더 잘 알고 있다는 알고리즘을 통해 내가 생각하는 가치와 부합하는 정보를 추천받는 시대이다 보니, 영향이 더욱 클 수밖에 없다. 그리고 자신의 주관적 판단으로 정보를 유리한 방향으로 재해석함으로써 편견을 더욱 강화시키기 때문에 같은 문제가 해결되지 않고 반복될 우려가 있다. 그러므로 나 스스로에게 이런 질문을 하며 자신의 문해력에 대해서도 깊이 있게 생각해 봐야 한다. 나는 열심히 읽고 있는가? 나는 의아한 것들은 따져 보려 노력하고 있는가? 나는 '왜'라고 질문하고 있는가?

【 자존감이 떨어지는 가짜 소통 】

답정너에게는 이러한 특징이 있다.

- □ 질문을 하는 것 같지만 이미 마음속에 답이 정해져 있음
- □ 원하는 답이 나올 때까지 질문함
- □ 원하는 답이 나오지 않으면 화를 낼 때도 있음
- □ 말을 빙빙 돌려서 자신의 목적과 부합하는 답이 나오도록 유도함
- □ 대화의 목적은 소통이나 공감이 아니라 '확인'임
- □ 선택지를 고려하는 척하다가 결국 원하는 것을 선택함

답정너는 자신의 생각이 틀렸다는 것을 인정하기 싫어하고 자신이 옳다고 여기며 그 사실을 다른 사람을 통해 증명받고 싶어 한다. 물론 누군가는 자신의 생각에 공감을 얻으며 결핍된 자존감을 키우려는 방법이라고도 말한다. 인정과 확인을 받으면서 자신의 존재를 내보이고 열등감을 극복할 수 있는 방법이라고도 한다. 하지만 이러한 방식은

현실을 객관적으로 바라보기 어렵게 만든다. 잘못된 부분이 있으면 지적받기도 하고, 틀린 것을 기꺼이 인정하면서 다른 논리를 세워볼 수 있는 게 상식인데, 애당초 나는 틀리지 않았으니 상대방의 생각이나 의견을 무시하고 공격하면서 상황을 악화시키기도 한다.

답정녀는 자기 확신이나 소신이 너무 낮으니 타인의 긍정적인 답변을 들으면서 내가 생각하고 내린 판단이 틀리지 않았음을 확인하고 싶은 것 같다. 하지만 타인의 인정을 통해 확립된 자아로는 장기적으로 보았을 때 높은 자존감을 유지할 수 없다. 누구나 좋은 평가를 받고 싶은 게 당연하므로 칭찬을 바라는 모습은 자연스럽지만, 지나치게 자주 또는 부자연스러울 정도로 끊임없이 원하는 답을 유도

하는 행동은 자존감이 낮다는 신호가 될 수 있다.

　겉으로는 다른 사람의 말을 잘 듣는 듯 행동하면서 실제로는 상대방의 의견을 거부하며 가짜 질문을 던지는 사람을 보고 있으면 세상의 중심이 그에게 맞춰져 있다는 인상을 받게 된다. 하지만 개개인이 갖고 있는 신념이 항상 옳지는 않다. 우리는 각기 다르고 각자의 해답을 가지고 있다. 우리 모두는 언제나 틀릴 수 있다.

아전인수는 '자기 논에 물 대기'라는 뜻의 고사성어로, 자기에게 유리한 방향으로만 생각하고 행동하는 것을 가리킨다. 이는 질문을 던져 놓고도 자신이 원하는 해석만 받아들이는 '답정너'의 모습과 일부 겹치기 때문에 상황에 따라 활용해 볼 수 있다.

너무 바빠서
시간이 없다는 핑계

'빡세다'는 주로 '힘들다' '고되다' '몹시 벅차다'는 의미로 쓰이며, 그 어원과 관련해 두 가지 설이 있다. 하나는 경상도 방언인 '빡시다'에서 유래했다는 설이다. '빡시다'는 '힘들다' '고되다' '빡빡하다'는 뜻으로 쓰이는 말로, 음운 변화로 인해 '빡세다'로 발전했을 가능성이 크다.

다른 하나는 '세다'라는 말 앞에 자극적이고 강한 어감을 주는 접두어 '빡'을 붙여 만들어졌다는 설이다. 이때의 '빡'은 '빡치다' '빡 돌다'에서처럼 강도나 감정을 강조하는 말이다. 두 설 모두 '빡세다'가 일이나 상황의 강도와 고됨을 강조하는 속어로 자리 잡는 데 기여한 것으로 볼 수 있다.

• 이번 중간고사 진짜 **빡세다**. 과목별로 다 벼락치기해야 해.

【 비로소 살아 있음을 느낀다 】

수술 후 절대 안정이라는 처방에 따라 병가를 내고 집에서 요양한 일주일. 처음엔 천국 같았다. 늦잠 자고 TV도 보고 책도 읽고 하고 싶은 것만 하며 시간을 보냈다. 그런데 이틀쯤 지나자 마음이 묘하게 허전해졌다. 아무것도 하지 않아도 세상은 잘만 굴러가고, 업무에 큰 차질이 없다는 사실이 이상하게 서글펐다. 내가 없어도 되는 사람 같아서.

그때 문득 생각했다. 다시 새벽에 일어나 출근하고 싶다고. 어두운 새벽 공기를 가르며 학교로 가고, 북적이는 교실에서 학생들과 함께 웃고 때로는 지치기도 하는 그 일상이 갑자기 그리워졌다. 하루를 마치고 돌아와 "오늘도 잘 버텼다." 하고 스스로를 다독이던 그 순간이 떠올랐다.

물론 현실은 그렇게 낭만적이지 않다. 퇴근길에 한숨 쉬며 "내일 또 출근이야?" 싶을 만큼 지치기도 한다. 하지만 그렇게 '빡센' 하루하루가 쌓여 지금의 나를 만들었다. 병가 중의 느슨한 나보다, 치열한 일상 속에서 매일을 살아 내는 내가 훨씬 더 단단하게 느껴진다.

그래서 이제는 생각한다. 힘들고 고된 하루지만 누군가를 위해 일하고, 누군가와 함께 지지고 볶으며 살아가는 이 일상이 고맙다고. 내가 살아 있음을 느끼게 해 주는 건 결국 이 '빡센' 하루들이라고.

【 세상에서 유일하게 공평하게 주어지는 것 】

세상은 생각보다 불공평하다. 눈에 보이지 않을 뿐, 대한민국에도 상류층, 중류층, 하류층이라는 계급이 분명 존재한다. 모두가 공정한 출발선에서 경쟁한다고 믿고 싶지만 현실은 다르다. 태어날 때부터 주어지는 환경과 조건은 사람마다 천차만별이다.

예전에는 "개천에서 용 난다"라는 말이 위로가 되었다. 가난하고 열악한 환경 속에서도 노력만 있다면 누구나 위로 올라갈 수 있다고 믿었다. 하지만 지금은 그조차도 옛이야기가 되어 버린 듯하다. 교육 자본과 문화 자본이 대물림되는 사회에서는 노력만으로 계층을 넘기란 쉽지 않다.

그러다 보니 점점 더 많은 사람이 느낀다. 세상이 너무

불공평하다고. 가진 사람은 더 많이 갖고, 그렇지 않은 사람은 무언가를 가지기는커녕 시작도 어렵다. 그런데 그런 세상 속에서 단 하나, 누구에게나 똑같이 주어지는 것이 있다. 바로 시간이다.

가난한 사람에게나 부자에게나, 학생에게나 어른에게나 하루는 24시간이다. 모두에게 똑같이 주어진 24시간을 어떻게 쓸지에 대해서는 우리의 선택과 실천에 달려 있다.

지금 가진 게 없다고 해도, 아직은 방향을 못 정했다고 해도 괜찮다. 불공평한 세상에서 유일하게 공평한 시간을 빡세게 쓴다면 그 하루하루가 결국 내 인생의 방향을 바꾸는 힘이 되어 주지 않을까?

　'빡세다'는 학생들이 친근하게 자주 쓰는 말이지만, 공식적인 자리나 글쓰기, 발표 등에서는 거칠게 들릴 수 있는 속어다. 이럴 때 사용할 수 있는 말이 바로 **거세다**이다. '거세다'는 사전적으로 '사물의 기세 따위가 몹시 거칠고 세차다' '편안하거나 순탄하지 않다'는 뜻을 가진 단어로, '빡세다'가 전달하고자 하는 고됨, 버거움, 강도 높은 느낌을 표준어의 범위 안에서 자연스럽게 대체할 수 있다. 또한 **여유가 없다**는 감정 표현을 살리면서도 공격적이거나 속된 느낌 없이 말할 수 있어 차분하게 하고 싶은 말을 전달할 수 있다.

어원

'억까'는 '억지로 까다'의 줄임말이다. 여기에서의 '까다'는 속어로 '비판하다' '헐뜯다' '깎아내리다'라는 뜻으로 사용된다. 타인을 객관적이지 않은 기준으로 평가하고 이유 없이 비난하거나 깎아내리는 비합리적인 행동을 의미한다.

예문

• 요즘 댓글들 보면 다 **억까**밖에 없는 것 같아.

【 타인의 지적에 대한 방어 기제 】

'억까'는 큰 잘못이 없는데도 억지로 까임을 당하는 억울함이 담겨 있는 단어다. 디지털 환경에서는 익명으로 활동하며 서로를 아무 이유 없이 비판하는 상황이 빈번하게 발생한다. 별 의도 없이 인터넷에 글이나 사진을 올렸는데 사람들이 자극적으로 반응하며 댓글을 달거나 논란을 일으키는 경우도 많다. 그러면 글을 쓴 사람의 입장에서는 '내가 그러려고 그런 게 아닌데' '내 의도는 그게 아닌데'라는 생각이 들면서 억울해지는 것이다. 이런 일을 겪다 보면 정당한 비판과 지적이어도 나도 모르게 방어 기제가 작용해서 이렇게 말하게 된다. "그건 억까야!"

어느 날 진로 독서 수업 시간에 자신의 진로와 관련된 책을 읽고 독후감을 작성하면 생기부에 그 내용을 반영해 주겠다고 했다. 그랬더니 한 학생이 하루 만에 글을 써서 제출했다. 그때부터 약간의 의심이 발동되었는데, 그 학생의 글에서 짙은 AI의 향기가 느껴지는 것이 아니겠는가? 설마

하는 마음에 확인해 보기로 하고 그 학생이 읽었다는 책과 그 학생의 진로를 챗GPT에 써넣었다. "둘을 연결 지어서 독후감 써 줘."라고 프롬프트를 썼더니, 역시나 슬픈 예감은 틀리지 않았다. 슬쩍 훑어보기에도 챗GPT가 쓴 글과 그 학생이 쓴 글이 거의 똑같았다. 결국 안내한 채점 규정대로 최하점을 주었다.

"선생님, 저 드릴 말씀이 있어요."

"무슨 일인데?"

"제 수행 평가 점수 보니까 최하점이더라고요. 저 나름대로 최선을 다했는데 왜 그런 거예요?"

"정말 최선을 다한 거 맞아? 챗GPT가 최선을 다한 거 아니고?"

"선생님, 그거 억까예요! 제가 쓴 거 맞아요!"

"정말이야? 선생님이 챗GPT에 『세상의 끝에 내가 있다』랑 '글로벌 무역' 진로를 연결 지어서 독후감 써 달라고 하니까 똑같이 나오던데?"

"아, 그게⋯."

"이래도 억까라고 억울해할 거야?"

많은 사람이 억지로 많이들 까는 세상이라 나도 모르게 타인의 지적에 대해 '억까'라고 방어할 때가 많다. 하지만

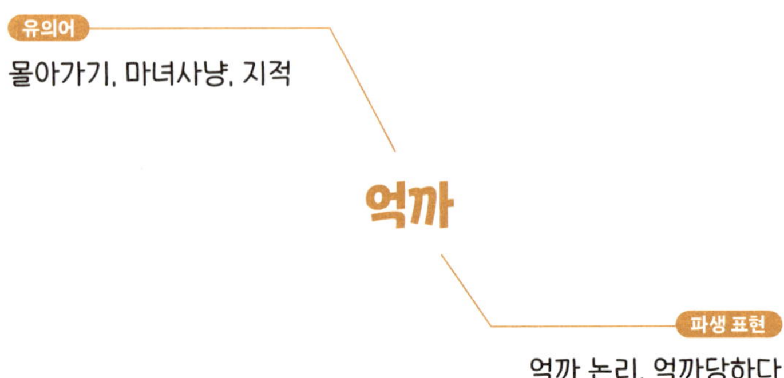

가끔은 이런 세상의 시선을 핑계로 내가 '억까' 당할 만한 행동을 당당하게 하는 것은 아닐까? 다른 사람에게 억울함을 표하기 전에 자신의 행동을 먼저 돌아보면 억울한 생각이 덜 들지도 모르겠다.

【 단순한 비난, 그 이상의 의미일지도 】

하지만 역설적이게도 '억까'에는 희망의 메시지가 담겨있다. 자신의 '최애'를 구하기 위해 시간을 거슬러 돌아가 고군분투하는 〈선재 업고 튀어〉라는 드라마가 엄청난 인기를 끌었다. 그 여파로 '국민 첫사랑' '월요병이 치유됐다' '인생 처음으로 덕질을 시작하게 됐다'며 주인공 신드롬이 일기도 했다. 남자 주인공 역을 맡은 배우 변우석을 보며 나는 첫 데뷔가 무척 성공적이었다고 생각했지만, 사실 그는 10년 넘게 많은 작품을 하면서 무명 시절을 견뎌왔다.

"저는 오디션에서 엄청 많이 떨어졌어요. 떨어질 만큼 다 떨어진 것 같아요. 대본 리딩까지 하고도 작품을 같이 할 수 없다는 연락을 받기도 했어요. 제가 여러 사람 앞에서 말하는 것을 힘들어했는데 잘해야겠다는 욕심이 강하다 보니 더더욱 잘 안됐던 것 같아요."

그는 한 예능 프로그램에 나와 이렇게 말했는데, 당시는 세상이 자신을 너무 억까한다고 느꼈다고 한다. 열심히 노력했는데 왜 결과가 계속 좋지 않은지 몰랐다고. 여러 작품을 했지만 그는 조명받지 못했고, 이후에도 오디션에 여러 차례 떨어지면서 자존감이 바닥을 쳐 카메라 울렁증을 겪기도 했다고 한다. 하지만 그는 지속적인 거절을 당하면서도 포기하거나 좌절하지 않았다. 대신 자신을 믿고, 주위 사람들의 믿음과 용기에 힘을 얻어 목표를 향해 거북이처럼 천천히 나아갔고 자신과의 싸움에서 승리했다.

처음부터 무엇이든 순조롭게 되는 사람이 있을까? 어떤 장애물도 없이 일이 술술 풀리는 사람은 거의 없지 않을까? 그렇기 때문에 이 말이 정말 억지 비난이라고만 말할 수는 없을 것 같다. 억까라 생각하며 좌절하는 데에서 그치지 않고, 어려움과 시련을 극복하면 언젠가 자신의 꿈을 당당하게 펼칠 수 있을 것이다. 누군가는 내 노력을 외면한다고 할지라도 좌절하지 않고 끊임없이 노력하고 긍정적으로 바라보는 자세는 결국 우리를 스스로 목표한 자리에 서게 할 것이다. 그러니까 우리는 억까를 두려워하거나 억울해하지 말고 오히려 그것을 성장의 동력으로 삼아야 한다.

억지 비판이나 **감정 비난**은 '억까'보다 더 명확하고 공적인 맥락에서도 사용할 수 있는 표현이다. '억까'는 줄임말 특유의 가벼움과 비격식성을 지니고 있어서 특정 세대에 국한되어 사용되거나 오해를 불러올 수 있다. '억지 비판'은 억지로 상대를 비판한다는 뜻이 그대로 담겨 있어 청자가 이해하기 쉽다. '감정 비난'은 비난의 성격을 구체적으로 드러내 주어 상황 파악이나 감정 전달이 명확해질 수 있다.

사회성을 위해 필요한 단어

'할많하않'은 '할 말은 많지만 하지 않겠다'는 말의 줄임말로, 주로 온라인에서 사용되는 신조어다. 이 단어는 불만이나 생각을 표현하기보다는 속으로 삭이며 감정을 숨기고 조용히 넘어감을 의미한다. 인터넷 커뮤니티나 SNS에서 감정을 누그러뜨리며 대화할 때 쓰이기 시작했으며, 소통의 방법이 다양해지면서 더욱 빈번하게 사용되고 있다.

- 와 진짜 시험 난이도 뭐야? 할많하않.

【 속은 부글부글, 입은 '할많하않' 】

　독서 활동을 관리하고 맞춤형 독서 정보를 제공하는 독서교육 종합지원시스템이 '독서로'라는 사이트로 바뀌었다. 사이트가 바뀌니 학생들의 정보를 옮기는 것부터 챙길 일이 한두 가지가 아니었는데, 그중에서도 학생들의 가입을 독려하는 것이 무척 어려웠다. 학생들에게 독서로 가입 방법을 설명해 주고 유인물도 각 교실에 게시했다.

　"다음 주까지 독서로 가입하는 게 숙제야. 선생님이 직접 도와주고 싶지만 핸드폰 인증을 해야 하니 집에 가서 꼭 해 가지고 와."

　한 주가 지나 숙제 검사를 했다. 한두 명을 제외하고는 다 해 왔을 것이라는 나의 생각은 착각이었다. 한두 명만 해오고 나머지 학생들은 나를 멀뚱멀뚱 쳐다봤다.

　"선생님, 이미 가입한 아이디래요."

　"선생님, 아이디는 맞는데 비밀번호가 자꾸 틀려요."

　"선생님, 핸드폰 인증이 안 돼요. 어떡해요?"

“선생님, DLS 아이디로 인증하라는데 그게 뭐예요?”

“선생님, 도메인을 쓰라는데 그게 뭐예요?”

신입생들에게 이미지 관리를 하고 있던 나는 ‘참을 인’ 자를 마음속으로 스무 번 새기며 이를 꽉 물고 말했다.

“이미 가입한 아이디면 ‘아이디 찾기’를 눌러서 예전에 가입한 아이디를 찾아야지. 비밀번호가 틀리면 ‘비밀번호 찾기’를 해야 하고. 핸드폰으로 문자 인증을 하면 문자 메시지로 인증 번호 오잖아! 선생님이 너희들에게 나눠 준 바코드 위에 있는 숫자가 DLS 아이디라고 말해 줬고! 도메인은 인터넷 주소를 말하는 건데 너희들 이메일 주소 쓰면 돼.”

“아아.”

애들은 그제야 고개를 끄덕였다.

“야, 이런 건 인간적으로 불혹을 넘은 선생님보다 너희들이 더 잘해야 하는 거 아니니?”

“불혹이요? 그게 뭐예요?”

부끄러움은 내 몫일 뿐, 하며 내 얼굴이 울그락불그락 달아오르기 시작하는 순간 한 학생이 내게 물었다.

“선생님, DLS 아이디 인증 어떻게 해요?”

“선생님, 비밀번호 찾기에서 도메인을 쓰라는데, 도메인이 뭐예요?”

"할많하않…."

【 소통이 어려운 현대인의 심리가 반영된 말 】

현대 사회에는 다양한 소통 채널이 존재한다. 그래서 더 많은 사람과 다양한 방식으로 이야기를 나누며 자신의 마음속 이야기를 꺼낼 수 있을 것 같지만 오히려 진정한 소통이 어려워지는 경우가 많다. 짧은 대화 한마디로 쉽게 상처받고 조금만 말을 잘못 하면 잠이 잘 오지 않는다. 자꾸만 나도 모르게 "내가 왜 그랬지?" 자책하며 늦은밤 이불을 발로 차게 된다. 특히 SNS와 같은 공개적인 플랫폼에서는 자신의 의견을 드러냈다가 비난이나 비판을 받을 수 있다는 두려움 때문에 할 말이 있어도 그냥 삭이고 만다. 자신의 의견이 쉽게 퍼지고 '박제'될 수 있어 더욱 조심스러워지는 것이다. 내 솔직한 감정을 그대로 표현하고 싶지만 그로 인해 발생할 수 있는 부정적인 결과를 우려해서 침묵을 선택하는 것이 마치 자기방어의 수단처럼 보이기도 한다.

학생들에게 회원 가입 방법을 안내하면서 설명을 제대로 듣지 않고 똑같은 질문을 하는 학생들에게 "제발 한 번

유의어

말잇못, 노 코멘트

할많하않

파생 표현

사이다 발언, 팩트 폭격(팩폭)

에 똑바로 알아 들어라!"라든지, "도대체 같은 말을 몇 번 하게 하니?"라고 말했다면 나의 답답하고 짜증스러운 감정이 학생들에게 전해졌을 것이다. 그리고 이런 표현이 학생들과의 관계에 갈등 요인이 되거나 누군가에게는 오해를 낳았을 수도 있었을 것이다. '한 번에 못 알아 들을 수도 있지. 자기는 다 아나?' 하면서 마음속으로 욕했을지도. 그래서 나는 잔소리 대신 "할많하않!"을 외쳤다. 그랬더니 나의 불편한 감정이 직접적으로 전달되는 대신 간접적으로 학생들에게 환기가 되었다. 내 의도를 알아들은 학생들은 알아서 잘 들으려고 다시 한번 귀를 쫑긋 세우기도 하고 마음을 다잡기도 한다. 어쩌면 '할많하않'은 지금 상황이 불편하다, 마뜩잖다는 분위기를 풍기며 상대방에게 눈치 챙기라는 메시지를 전달하면서도 대인 관계에서의 불편함을 최소화하고 싶은 현대인이 염원하는 소통의 모습이 그대로 드러나 있는 표현일 수도 있겠다.

【 관계를 고려한 표현 방법일지도 】

자신의 불만을 털어놓고 싶지만 상황상 그렇게 하지 못할 때가 많다. 그럴 때 '할많하않'이라 에둘러 표현하며 자신의 속마음을 간접적으로 드러낸다. 이는 다른 사람과의 갈등을 피하는 방법이 될 수 있지만, 누군가는 이 말 자체가 자신의 감정을 억압하면서 정서적으로 고립되도록 만든다고 말하기도 한다. 자신의 진짜 감정을 드러내지 않고 겉으로 무관심한 척하거나 침묵을 지키는 것이 사회적인 예의라고 생각하면서 감정을 표현하지 않다 보니 스트레스가 커지고 심리적으로 불안감을 느끼게 된다는 것이다. 틀린 말은 아니지만 이렇게 생각해 보면 어떨까? 상대방에게 '너의 말에 동의하지 못한다'라거나 '불만이 있다'라는 식의 맥락을 남기면서도 직접적인 감정 표현을 피하는 효과적인 방법이라고. MBTI의 F(감정형)와 T(사고형) 사이에 위치한 사람들의 감정 표현 방식을 예로 들어 보면, F 유형은 자신과 타인의 감정을 중시하고, T 유형은 논리적이고 객관적인 접근을 선호한다. '할많하않'은 이러한 두 가지 경향을 조화롭게 결합한 결과라고도 볼 수 있다. 즉, 감정적으로 다가가고 싶지만 동시에 논리적인 판단을 통해 상황을 고려하며 표현을 자제하는 모습. 이는 단순히 자신의 감정을 억압한다기보다 사회적 맥락과 상대방의 기분을 배려하는 사회성이 '만렙'인 표현 방법일지도 모른다.

금세 사라질 것만 같았던 이 신조어가 오랫동안 사람들에게 사용되고 있다. 이게 바로 현대 사회의 복잡한 대인 관계에서 서로를 이해하고 조화롭게 소통하려는 노력을 하고 있다는 반증이 아닐까? 결국 이 신조어는 현대인의 소통 방식이 단순한 감정의 표현을 넘어서, 상대방과의 관계를 고려하고 반영하며 주위 사람들과 둥글둥글하게 지내고 싶다는 점을 강조하는 고무적인 언어로 볼 수 있을 것 같다. 소통 방식이 변화하는 상황 속에서 오랜 시간 살아남는 언어는 특별한 의미를 지니고 있으니 말이다.

그만 말하겠다는 상황에 대한 실망이나 체념을 표현할 수 있는 말이다. 어떤 상황에 대해 굳이 말을 보태지 않겠다는 의지를 드러낸다. '할많하않'보다 조금 더 중립적이고 공식적인 뉘앙스를 풍기며, 차분한 어조로 말한다면 감정보다는 거리 두기에 가까운 느낌을 줄 수 있다.

빼도 박도 못하다

'빼도 박도 못하다'는 성적인 은유에서 비롯된 비속한 민담형 어원설이 있다. 간통을 하려는 남자와 여자가 막 사랑을 나누려는 순간, 여자의 남편이 들이닥친다면 하던 행동을 계속하지도 그만두지도 못하는 난감한 상황이 된다. 이런 상황을 빗대어 이러지도 저러지도 못하는 진퇴양난의 처지를 표현하는 데 사용하게 되었다.

- 거짓말한 게 들켜서 이제는 **빼도 박도 못하게** 됐어.
- 네가 보낸 메시지 때문에 **빼박** 상황이야. 변명도 안 통해.

【 정답 말고 숨 쉴 틈 하나 】

어릴 적엔 이래저래 엄마에게 혼날 일이 많았다. 엄마는 늘 내 잘못을 먼저 캐묻고, 나는 억울해도 순순히 인정해야 했다. 지금 생각해 보면 꽤나 억울하고 곤혹스러운 절차였다. 그럴 때마다 나는 내 나름의 생존 전략으로 '묵비권'을 행사하곤 했다. 그러면 엄마는 꼭 이렇게 물었다.

"왜 대답을 안 해? 엄마 말이 말 같지 않아?"

도저히 버틸 수 없다고 느껴지는 순간 나는 조심스럽게 입을 연다.

"그게 아니라…."

하지만 말이 채 끝나기도 전에 엄마는 말을 자르며 쏘아붙인다.

"엄마가 말하는데 어디서 말대꾸야?"

억울해서 눈물이라도 글썽이면 이번엔 또 이런 말이 돌아온다.

"뭘 잘했다고 울어?"

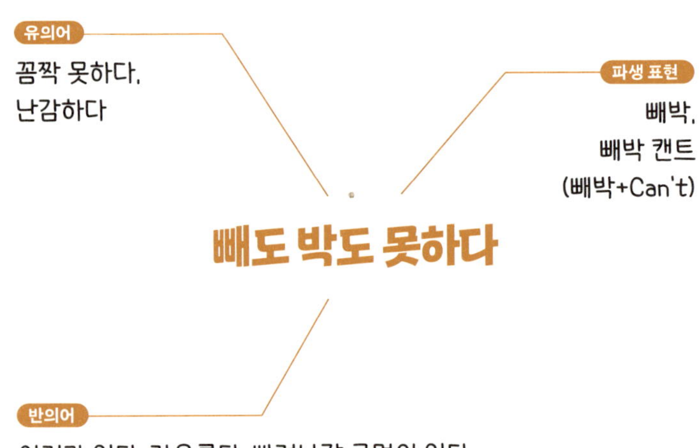

그 순간 내가 꺼낼 수 있는 말은 결국 하나뿐이었다.

"잘못했어요."

그 한마디가 가장 빠르고 쉬운 탈출구였다.

요즘은 학생들이 선생님을 몰래 촬영해 민원을 넣거나 훈육 중인 교사를 폭행했다는 기사를 심심찮게 접하게 된다. 그래서인지 나도 학생을 훈계할 때는 조심스럽게 말문을 여는 편이다. 하지만 그 와중에도 불량한 태도로 내 눈을 피하는 학생을 보면 어느새 말이 튀어나온다.

"어딜 보는 거야? 눈 똑바로 쳐다봐!"

그러면 학생은 내가 시킨 대로 눈을 맞춘다. 그런데 그

눈빛이 어쩐지 반항적으로 느껴진다. 째려보는 것 같기도 하고. 그러면 또 말이 이어진다.

"왜 그렇게 쳐다봐? 뭘 잘했다고!"

결국 아이는 울상이 된다.

"선생님….'

"왜? 뭐?"

"도대체 어떻게 하라는 거예요?"

그 한마디에 문득 멈칫하게 된다.

예전에 어른들과 이야기할 때도 이런 경험은 익숙했다. 이래도 잔소리, 저래도 잔소리. 어른이 정한 틀 안에서 이 러지도 저러지도 못하게 되는 상황. 그런데 어느새 내가 그 어른의 자리에 서 있다. 학생들 앞에서 숨 쉴 틈 없이 몰아 붙이며 내 말이 곧 '정답'인 것처럼 행동하는 나 자신을 볼 때면 얼굴이 달아오른다.

'어른이라는 이유 하나만으로 아이들을 그렇게 몰아붙여 도 되는 걸까?'

'지금 내가 하고 있는 말과 행동이 과연 어른답고 괜찮은 태도일까?'

가끔 그런 생각들로 머리가 복잡해진다.

아이들에게도 잠시 비켜설 틈과 숨 돌릴 구멍 하나쯤은

있어야 하지 않을까. 다 알고 있어도 모르는 척 허허 웃으며 넘어갈 수 있는 어른의 여유. 정답을 강요하기보다 잠시 멈춰 설 수 있게 해 주는 말 한마디. 어른이라는 자리는 그런 자리여야 하지 않을까 싶다.

진퇴양난은 나아가기도 물러나기도 어려운 상황을 뜻하는 사자성어다. 옴짝달싹 못하다와 이러지도 저러지도 못하다 역시 같은 뜻을 담고 있으며, 답 없다는 해결책이 없는 상황을 말한다. 이와 같은 표현을 쓰면 말의 품격도 지키면서 감정도 충분히 전달할 수 있다.

쪽팔리다

타인을 지나치게 의식할 때

'쪽팔리다'의 어원은 두 가지로 이야기할 수 있다. 첫 번째는 '쪽'을 시집간 여자가 머리카락을 틀어 올려 비녀를 꽂은 머리 모양으로 볼 때다. 이때 '쪽팔리다'는 쪽이 팔려 나간다, 즉 여성이 팔려 가는 것으로 연결되어 수치스럽다는 뜻이 된다.

두 번째로 '쪽'을 얼굴을 속되게 이르는 말로 해석하는 경우다. 이때 '쪽팔리다'는 체면이 깎이거나 망신을 당하다는 의미로 사용된다.

예문

• 내가 어제 그 말을 왜 했지? 진짜 **쪽팔려**.

【 쪽팔림이 고통을 추월하는 순간들 】

'북쪽의 베네치아'라 불리는 벨기에의 작은 도시, 브루게. 자전거를 타고 도시를 둘러보면 좋다는 이야기에 친구와 나는 한껏 들뜬 마음으로 길을 나섰다. 영어가 통하지 않는 벨기에 아저씨에게 손짓발짓을 하며 어렵게 자전거를 빌렸지만, 진짜 문제는 그다음이었다. 유럽식 자전거는 생각보다 컸고, 우리의 짧은 다리는 페달에 제대로 닿지 않았다.

하지만 친구는 괜찮다며 바로 출발했고 나는 뒤에 올라탄 채 친구의 허리를 꼭 붙잡았다. 출발한 지 고작 5초쯤 지났을까. 울퉁불퉁한 돌바닥을 이기지 못하고 자전거는 중심을 잃고 휘청이다가 광장 한복판에서 '꽈당!' 하고 넘어지고 말았다.

그 순간 사방에서 외국인들이 "아 유 오케이?"를 외치며 달려왔다. 무릎이 까지고 피가 흐르고 있는데도 가장 먼저 느껴진 감정은 아픔이 아닌 쪽팔림이었다. 이 많은 사람 앞에서 넘어진 것이 너무 창피했던 나머지 나는 벌떡 일어

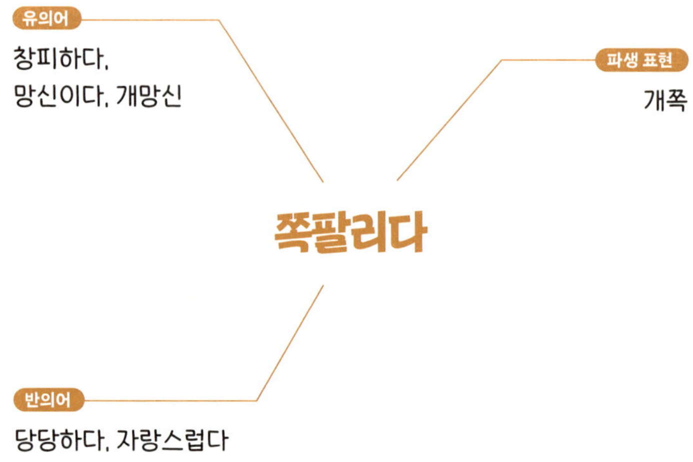

나 영어로 괜찮다며 외치고선 친구와 함께 도망치듯 그 자리를 떠났다. 나중에 친구의 팔과 내 무릎에서 피가 흐르고 있는 것을 알아차리고서야 크게 다쳤다는 걸 알았다.

비슷한 기억이 또 있다. 어느 날 지하철역 출구를 나오다 다리에 힘이 풀려 그대로 고꾸라졌다. 번화가였고 사람이 많았다. 무릎이 바닥에 닿자마자 나는 반사적으로 벌떡 일어났다. 아무렇지 않은 척 가던 길을 재촉했지만 지나가는 사람들의 시선이 자꾸만 내 다리 아래로 향했다. 이상한 예감에 고개를 숙여 무릎을 확인해 보니 스타킹은 찢어졌고 피는 종아리를 타고 발목까지 번져 있었다. 그 순간도 마찬가지였다. 고통은 뒤늦게 왔다. 그저 쪽팔림이 앞섰을 뿐이다.

부끄러움이 고통을 추월하는 순간. 우리는 그런 순간을 꽤 많이 경험하며 살아간다. 넘어진 것보다 '넘어진 모습을 누가 봤을까'를 더 걱정하고, 상처보다 시선을 더 의식한다. 어쩌면 우리가 느끼는 많은 '고통'은 실제 통증보다 '사회적 시선'에서 비롯되는 게 아닐까.

【 쪽팔림이 없으면 앞으로 나아가지 못한다 】

남들 앞에 나서지 않고, 자기 의견을 말하지 않은 채 주변 분위기에 묻혀 조용히 따라가기만 한다면 쪽팔릴 일은 거의 없다. 실수할 일도 줄어들고 누군가의 눈총을 받을 일도 드물다. 그냥 고개만 끄덕이며 남들이 하자는 대로만 움직이면 되니까. 그런데 그렇게 조심스럽게만 살아가는 삶, 과연 제대로 산다고 말할 수 있을까?

새로운 도전을 하면 당연히 실수도 하고 좌절도 겪는다. 사람들 앞에 섰을 때 문득 부족한 내 모습을 마주하는 순간이 오기도 한다. 그럴 땐 속으로 '아, 괜히 나섰다. 진짜 쪽팔려'라는 후회가 올라온다. 완벽하지 않은 상태로 사람들 앞에 서 있다는 사실이 순간 부끄럽게 느껴지는 것이다.

하지만 가만히 생각해 보면 인생이란 애초에 완벽할 수 없다. 계획대로 흘러가는 날보다 어긋나는 날이 더 많고, 매끄러운 순간보다 어설픈 순간이 더 많은 것이 삶이다. 그러니 쪽팔린다고 위축될 필요는 없다. 오히려 그 순간을 껴안고 스스로 웃어 넘길 수 있다면 그게 진짜 용기다. 완벽하지 않기에 더 정이 가는 법. 실수투성이인 사람이 오히려 더 인간답고, 진짜로 도전해 본 사람처럼 보인다.

앞으로 나아가지 않으면 쪽팔릴 일은 없다. 반대로 쪽팔렸던 순간이 없다는 건 도전조차 하지 않았다는 뜻이기도 하다. 결국 우리가 해야 할 일은 단순하다. 마음속에만 담아 둔 하고 싶은 일을 용기 내어 꺼내 보는 것. 설령 쪽팔릴지라도, 그 순간이 나를 키운다는 걸 믿고 나아가는 것. 실수하고 넘어져도 다시 일어나려는 그 태도야말로 인생을 훨씬 더 재미있고 깊이 있게 만드는 비결 아닐까.

부끄럽다는 자신의 실수나 잘못을 인식하고 느끼는 감정을 담백하게 전할 수 있다. **민망하다**는 조금 더 가벼운 상황에서 상대방을 의식한 어색함이나 무안을 표현할 때 어울리는 말이다. 또, 직접적으로 감정을 드러내기보다는 **얼굴이 화끈거린다**처럼 신체 반응을 빌려 말하면 상황을 생생하게 전달하면서 자신의 감정을 표현할 수 있다.

모두가 완벽해져야만 할까?

'짜치다'는 기대에 못 미치는 상황이나 물건을 지칭할 때 사용된다. '쪼들리다'라는 단어의 경상도 방언에서 비롯되었는데, 경제적으로 어렵거나 여유가 없음을 드러낼 때 쓰는 표현이었다. '상황이나 수준이 기대에 미치지 못하다' '맥이 빠지다' '무언가 쪼잔하고 쩨쩨한 느낌이 든다' '모양 빠지고 없어 보인다'와 같은 부정적인 상황을 표현하는 속어가 되었다.

- **짜치게** 굴지 마. 좀 있어 보이게 행동해.
- 그거 너무 **짜치니까** 다른 주제로 해 보자.

【 안 짜치는 직업 】

'진로 도서 한 학기 한 권 읽기' 수업을 진행할 때였다. 학생들에게 자기의 진로와 연계된 책을 정독할 수 있도록 지도하다 보니 학생들의 독서 취향 조사는 필수다. 그래서 학생들에게 관심 있는 분야, 진로의 방향, 평소 관심 있던 책, 독서에 대한 어려운 점 등을 묻는 설문지를 배부했다. 학생들이 제출한 내용을 보는데 '나의 진로와 관련 있는 분야는 무엇인가요?'라는 질문에 '없음', '평소 관심 있던 책이나 진로와 관련된 책의 독서리스트를 작성해 보세요'라는 질문에도 '없음'을 쿨하게 써서 제출한 학생이 있었다. 나는 점심시간에 그 학생에게 면담을 요청했다.

"제출한 설문지에 '없음'이라고 썼더라고. 관심 있는 진로가 아직 없어?"

"네. 없어요."

"없을 수도 있어. 선생님도 고등학교 때 희망 직업이 '현모양처' 막 그랬거든. 지금부터 찾아봐도 늦지 않으니까 차근차근 생각해 보면 어떨까? 선생님이 도와줄 수 있는데.”

“괜찮아요.”

“그럼 좋아하는 건 뭐야? 혹시 중학교 때 홀랜드 직업 유형 검사했던 것 기억나?”

“아 그 육각형 막 그려졌던 거 말씀하시는 거예요? 그때 저 추천 직업에 사회복지사 나왔어요. 그런데 어차피 사회복지사에 관심 없어요.”

“그러면 사회형 성향에 잘 어울리는 직업으로 상담사나 유치원 교사, 간호사와 같은 직업도 있는데 그런 부분에 대해 알아보는 건 어때?”

“남자가 유치원 교사나 간호사요? 너무 없어 보이잖아요. 저는 짜치는 직업은 싫어요.”

“뭐?”

【 완벽함을 추구하는 사회가 만들어 낸 단어 】

현대 사회에는 완벽함을 추구하는 강박 관념이 만연해 있다. SNS와 미디어에는 ‘완벽한’ 삶의 기준이 제시되어 있고 사람들은 이를 기준으로 자신을 비교하며 열등감을 가

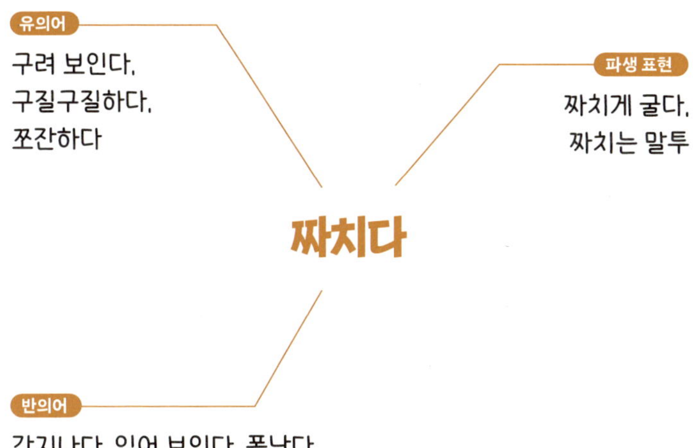

진다. 사람이라면 사소한 실수나 불완전함을 가질 수 있는 데도 불구하고 '짜친다'고 폄하한다. "이번 작품은 지난 작품에 비해 좀 짜치는데?" "여기 엄청 기대했는데 생각보다 짜치네." "온라인에서는 말만 잘하더니 직접 만나 보니 어리바리한 게 짜치네."처럼 단어의 대상은 사람일 수도 사물일 수도 있다. 포괄적인 의미로서 부족하고 볼품없는, 기대에 못 미치는 상황을 부정적으로 표현하는 것이다.

하지만 모두가 완벽해져야만 할까? 완벽함을 지향하는 사회는 우리에게 심리적인 부담을 줄 수 있다. 성과와 결과가 모든 것을 결정짓고 시험 점수가 학생의 가치를 대변하는 사회, 친구 간의 관계에서도 요구되는 완벽한 모습에서 우리는 자연스럽게 불안과 스트레스를 느낀다. 서로의 작은 실수나 불완전함에 대해 지나치게 반응하게 되고 서로를 이해하고 포용하는 데 어려움을 겪는 것이다. 이는 건강한 소통을 방해할 수밖에 없다.

이럴 때일수록 필요한 것은 짜치는 것에 대한 긍정적인 시선이다. 부족함을 인정하고 소통하는 문화를 만들며 완벽함이 아닌 서로의 다름을 존중하는 사회로 나아가야 한다. 단순히 결과에 집착하기보다는 과정에서 서로의 다름을 받아들이고 그러한 불완전함 속에 있는 소중한 가치들을 발견할 수 있는 사회가 되기를 바란다. 진정한 행복과 만족은 완벽함이 아닌, 서로의 불완전함을 인정하고 함께 성장하는 데서 오는 것이 아닐까.

없어 보인다는 말은 상대 혹은 사물의 품격과 가치가 낮아 보일 때 사용되며, 비속어 없이도 '짜치다'의 의미를 전달할 수 있다.